1일 1패턴 30일 만에 끝내는

딱 30패턴으로 잡는 영어회화

Nic Williamson

머리말

1일 1패턴으로 영어회화가 가능한 30일 공부법

단어나 문법이 아닌 '패턴'으로 외우자!

내가 외국어를 배우기 시작했을 때, 나도 다른 학습자처럼 문법 위주로 공부했다. 그러다 보니 간단하고 쉬운 문장을 말하려고 해도 머릿속에 수많은 문법 사항을 떠올려야 했다. 하지만 '패턴'을 외운 뒤로는 좀 더 수월하게 말할 수 있었다. 이 책을 손에 든 여러분에게 그 요령을 알려주고 싶다.

예를 들어 "가고 싶지 않으면 가지 않아도 된다."라는 문장을 만들어 보자. 문법으로 접근하면 다음과 같다.

'가다'에서 '다'를 빼고 '~고 싶다'를 붙여서 '가고 싶다',
'가고 싶다'에서 '다'를 빼고 '~지 않다'를 붙여서 '가고 싶지 않다',
'가고 싶지 않다'에서 '다'를 빼고 '~으면'을 붙여서 '가고 싶지 않으면'

그리고
'가다'에서 '다'를 '지'로 바꾸고 '않다'를 붙여서 '가지 않다',
'가지 않다'에서 '~(아)도 된다'를 붙여서 '가지 않아도 된다'.

이렇게 일상적이고 간단한 문장을 만들 때도 몇 가지 문법 사항을 떠올려야 한다.

하지만 다음 두 패턴을 외우면 짧은 시간 안에 더 많은 표현을 말할 수 있다.

~하고 싶지 않다   ~하지 않아도 된다

'~하고 싶지 않다'에는 '하다', '~고 싶다', '~지 않다' 형태의 동사가 들어가고, '~하지 않아도 된다'에는 '하다', '~지 않다', '~도 된다' 형태의 동사가 들어간다. 이것을 영어로 표현할 때는 동사의 원형이나 동사의 -ing형, 동사의 과거분사형을 쓴다. "왜 동사의 원형일까?", "왜 -ing형이지?"라고 생각하지 말고 '이 표현에는 동사의 원형을 쓰는구나', '이 표현에는 동사의 -ing형을 쓰는구나'라고 하나의 패턴으로 기억하자.

패턴 뒤에 오는 동사를 '덩어리'로 기억하자!

"집에 갈 시간이다."를 영어로 표현하면 It's time to go home. 이다. 여기서 It's time to는 '~할 시간이다'라는 뜻의 패턴이다. '집에 가다'라는 뜻의 go home을 한 덩어리로 외우면 영어로 쉽게 표현할 수 있지만 go와 home을 각각의 단어로 외우면 '동사 go 다음에 to가 필요할까?', 'home 앞에 my를 써야 할까?'라고 고민할 수 있다. '일어나다'라는 뜻의 get up을 go home처럼 한 덩어리로 외우면 '일어날 시간이다.'를 It's time to get up.과 같이 쉽게 표현할 수 있다.

'패턴'과 '동사 덩어리'를 퍼즐처럼 맞추자!

 "-ing 형태를 연이어 사용해도 괜찮은 걸까?"와 같은 문법적인 고민은 버리고, 패턴과 동사 덩어리를 결합하여 올바른 문장을 만들어 보자. 예를 들어 I've been _____ing와 go drinking을 결합하면 I've been going drinking.(나는 요즘 술을 마시러 다니고 있어.)이 된다. 이 문장의 -ing 형태, 즉 going과 drinking은 모두 올바르게 쓰였다.

> I've been ____ing
>   ↑   ↑
>   go   drinking = I've been going drinking.

패턴을 응용하여 다양하게 표현해 보자!

 익숙해지면 패턴을 응용해 보자. 주어를 바꾸면 자신뿐만 아니라 다른 사람에 대해서도 표현할 수 있고, 부정문으로 만들면 더 다양하게 표현할 수 있다.

> **I'm going to order a pizza.** (나는 피자를 주문할 거야.)
> ➡ 주어를 바꾸면
>   He's going to order a pizza. (그는 피자를 주문할 거야.)
> ➡ 부정문으로 만들면
>   I'm not going to order a pizza. (나는 피자를 주문하지 않을 거야.)
> ➡ 주어를 바꾸고 부정문으로 만들면
>   He's not going to order a pizza. (그는 피자를 주문하지 않을 거야.)

그리고 위의 문장을 의문문으로 바꿔 만들면 훨씬 더 다양한 표현을 전달할 수 있다.

잠꼬대로 말할 정도가 될 때까지 패턴과 동사 덩어리를 계속 결합하여 소리 내어 말하자!

약 400여 편 이상의 영화에 자주 나오는 단어와 관용 표현을 분석하여 이 책에 실었다. 읽고 이해하는 것에 그치지 말고, '유창해지는 간단 퍼즐 시트'를 사용하여 패턴과 동사 덩어리를 결합한 후 이를 계속 소리 내어 말해야 한다. 영어를 잘 구사하기 위해서는 스스로 말하는 연습을 꾸준히 해야 한다. 그리고 책 속의 예문을 단순히 반복하여 연습하기보다는 스스로 문장을 만들어 연습하면, 입뿐만 아니라 뇌가 활발히 활동하여 뇌를 더 훈련시킬 수 있다. 나도 이러한 연습을 통하여 다른 언어를 유창하게 말할 수 있게 되었으니 여러분도 꼭 시도해 보길 바란다.

이 책이 여러분의 영어 학습에 큰 도움이 되기를 간절히 바란다.

2024년 9월
닉 윌리엄슨

목차

머리말

이 책의 사용법

> 우선 기본 문법을 살펴보자!

현재형과 현재진행형 '평소의 습관'과 '지금 일어나고 있는 일' ········· 012

미래형 세 가지 미래형 ········· 020

PART 1 딱 30패턴으로 잡는 영어회화

be going to를 사용하는 패턴

PATTERN 01 I'm going to ~ ········· 030
나 ~할 거야 • 나 ~할 예정이야 • 나 ~할 것 같아

- 응용 주어를 바꿔 보자 ········· 032
- 응용 not을 넣어 부정으로 바꿔 보자 ········· 033

PATTERN 02 Are you going to ~? ········· 034
너 ~할 거니? • 너 ~할 예정이니? • 너 ~할 것 같니?

- 응용 주어를 바꿔 보자 ········· 036
- 응용 not을 넣어 부정으로 바꿔 보자 ········· 037
- 응용 What / Where / Who / When / How 등을 붙여 보자 ········· 038
- 응용 What / Where / Who / When 등을 붙이고 주어를 바꿔 보자 ·· 039

PATTERN 03 I was going to ~ ········· 040
나 ~하려고 했어

- 응용 주어를 바꿔 보자 ········· 042
- 응용 not을 넣어 부정으로 바꿔 보자 ········· 043
- COLUMN SVO Part 1 영어는 단어의 자리가 중요하다 ········· 044

want를 사용하는 패턴

PATTERN 04 **I want to ~** ··· 046
나 ~하고 싶어

응용 주어를 바꿔 보자 ··· 048

응용 don't를 넣어 부정으로 바꿔 보자 ··· 049

PATTERN 05 **Do you want to ~?** ··· 050
너 ~하고 싶니? · ~할래?

응용 What / Where / Who / How 등을 붙여 보자 ··· 052

PATTERN 06 **Do you want me to ~?** ··· 054
내가 ~해 줄까? · 내가 ~할까?

응용 What / Where 등을 붙여 보자 ··· 056

동사의 원형을 사용하는 패턴

PATTERN 07 **Can I ~?** ··· 058
내가 ~해도 될까?

PATTERN 08 **Can you ~?** ··· 060
~ 좀 해 줄래?

PATTERN 09 **I have to ~** ··· 062
나 ~해야 해 · 나 ~하지 않으면 안 돼

응용 주어를 바꿔 보자 ··· 064

응용 부정으로 바꿔 보자 ··· 065

PATTERN 10 **Why don't you ~?** ··· 066
너 ~하는 게 어때?

응용 주어를 I로 바꿔 보자 ··· 068

응용 주어를 we로 바꿔 보자 ··· 069

PATTERN 11 **You should ~** ··· 070
너 ~하는 게 좋겠어

응용 부정으로 바꿔 보자 ··· 072

COLUMN SVO Part 2 '은 / 는 / 이 / 가' 해석에 주의한다 ··· 073

PATTERN 12	**I used to ~**	074
	나 예전에는 ~했었어	
	응용 부정으로 바꿔 보자	076

동사의 -ing형을 사용하는 패턴

PATTERN 13	**I've been -ing**	078
	나 요즘 (자주) ~하고 있어	
	응용 주어를 바꿔 보자	080
	응용 부정으로 바꿔 보자	081

PATTERN 14	**Thank you for -ing**	082
	~해 줘서 고마워	

PATTERN 15	**I'm thinking about -ing**	084
	나 ~할까 생각 중이야	

PATTERN 16	**What's it like -ing ~?**	086
	~하는 것은 어때?	

PATTERN 17	**I miss -ing**	088
	나 ~하던 게 그리워	
	응용 '난 ~가 …하던 게 그리워'라고 말해 보자	090
	응용 '난 ~하지 않던 게 그리워'라고 말해 보자	091

PATTERN 18	**I'm looking forward to -ing**	092
	나 ~하기를 기대하고 있어 • 나 ~하는 것이 기대돼	
	응용 '난 ~가 …하는 것이 기대돼'라고 말해 보자	094
	응용 '난 ~하지 않기를 기대해'라고 말해 보자	095

PATTERN 19	**I can't imagine -ing**	096
	나 ~하는 것을 상상할 수 없어	
	응용 '난 ~가 …하는 것을 상상할 수 없어'라고 말해 보자	098
	응용 '난 ~하지 않는 것을 상상할 수 없어'라고 말해 보자	099

PATTERN 20 I like -ing 100
나 ~하는 것을 좋아해
- 응용 '난 ~가 …하는 것을 좋아해'라고 말해 보자 102
- 응용 '난 ~하지 않는 것을 좋아해'라고 말해 보자 103

PATTERN 21 I don't mind -ing 104
나 ~하는 것은 상관없어
- 응용 '난 ~가 …하는 것은 상관없어'라고 말해 보자 106
- 응용 '난 ~하지 않는 것은 상관없어'라고 말해 보자 107

PATTERN 22 I can't stand -ing 108
나 ~하는 것을 참을 수 없어
- 응용 '난 ~가 …하는 것을 참을 수 없어'라고 말해 보자 110
- 응용 '난 ~하지 않는 것을 참을 수 없어'라고 말해 보자 111

PATTERN 23 I'm used to -ing 112
나 ~하는 것에 익숙해
- 응용 '난 ~가 …하는 것에 익숙해'라고 말해 보자 114
- 응용 '난 ~하지 않는 것에 익숙해'라고 말해 보자 115

PATTERN 24 I'm sick of -ing 116
나 ~하는 게 지겨워
- 응용 '난 ~가 …하는 게 지겨워'라고 말해 보자 118
- 응용 '난 ~하지 않는 게 지겨워'라고 말해 보자 119

PATTERN 25 What happened to -ing ~? 120
~한다는 것은 어떻게 됐어?
- 응용 '~가 …한다는 것은 어떻게 됐어?'라고 말해 보자 122
- 응용 '~ 안 한다는 것은 어떻게 됐어?'라고 말해 보자 123

PATTERN 26 What do you think about -ing ~? 124
너 ~하는 것에 대해 어떻게 생각해?
- 응용 '넌 ~가 …하는 것에 대해 어떻게 생각해?'라고 말해 보자 126
- 응용 '넌 ~하지 않는 것에 대해 어떻게 생각해?'라고 말해 보자 127

COLUMN 장소를 나타내는 전치사 at/on/in을 구분하자 128

동사의 과거분사를 사용하는 패턴

PATTERN 27 **I've ~** ··· 130
나 ~해 본 적이 있어

    응용 주어를 바꿔 보자 ··· 132

    응용 부정으로 바꿔 보자 ··· 133

PATTERN 28 **Have you ever ~?** ··· 134
너 ~해 본 적이 있니?

PATTERN 29 **I should've ~** ··· 136
나 ~했어야 했어

    응용 부정으로 바꿔 보자 ··· 138

    COLUMN 시간을 나타내는 전치사 at/on/in을 구분하자 ··· 139

PATTERN 30 **I could've ~** ··· 140
나 ~할 수도 있었어

PART 2 상황별 초간편 표현

- 일상 관련 표현 ··· 144
- 일 관련 표현 ··· 155
- 연애 관련 표현 ··· 170
- 여가 관련 표현 ··· 185
- 야외 활동 관련 표현 ··· 197
- 가사 관련 표현 ··· 199
- 건강 관련 표현 ··· 208
- 피해 관련 표현 ··· 213

이 책의 사용법

'기본 패턴'은 빨간색 글씨로 나타내었다.

I'm going to <u>fall asleep</u>.

'초간편 표현'은 빨간색 밑줄을 사용하였다.

- 그 외 표현은 검은색 밑줄을 사용하였다.

- '초간편 표현'은 상황별 카테고리 안에서 알파벳순으로 나열하였다. 단, get transferred, get divorced, get married는 transfer, divorce, marry에서 찾을 수 있다.

- 교체 가능한 단어는 〔 〕로 나타내었다.
  예: see a movie〔play〕

- '유창해지는 간단 퍼즐 시트'는 기본 30패턴과 그 패턴의 부정형 그리고 상황별 초간편 표현으로 구성되어 있다.

> **우선 기본 문법을 살펴보자!**

현재형과 현재진행형

'평소의 습관'과 '지금 일어나고 있는 일'

현재형이 '현재의 상태'를 나타낸다고 생각하는가? 사실 꼭 그렇지만은 않다. 대부분의 학습자는 문법의 기본인 현재형에 대해 잘못 알고 있는 경우가 많다. 우리말의 '~하고 있다'를 영어로 표현할 때 현재진행형을 써서 표현해야 한다고 생각하는 것처럼 말이다. 영어를 우리말에 그대로 맞추지 말고 영어 감각에 맞게 쓰자.

현재형은 평소의 습관이나 일반적인 사실을 나타낼 때 쓴다.

현재형은 지금 그 행위나 동작을 하고 있는지의 여부와는 상관없이 평소의 습관이나 반복되는 일, 일반적인 사실을 나타낼 때 쓴다. 사용법은 다음과 같다.

I work. (나는 일해.)
I don't work. (나는 일을 안 해.)
Do you work? (너는 일하니?)
Where do you work? (너는 어디서 일하니?)

현재진행형은 말하는 지금 시점에 일어나고 있는 일이나 일시적으로 하고 있는 일을 나타낼 때 쓴다.

현재진행형은 「be동사+동사의 -ing」 형태로 나타내며, 말하는 지금 시점에 하고 있는 행동이나 일어나고 있는 일, 일시적으로 하고 있는 행동이나 일어나고 있는 일을 나타낼 때 쓴다. 사용법은 다음과 같다.

I'm work**ing**. (나는 (지금) 일하고 있어.)
I'm not work**ing**. (나는 (지금) 일을 안 하고 있어.)
Are you work**ing**? (너는 (지금) 일하고 있니?)
Where are you work**ing**? (너는 (지금) 어디서 일하고 있니?)

예문 1

I go to the gym. (나는 헬스장에 다녀.)

현재형을 사용하여 I가 평소에 규칙적으로 운동한다는 것을 나타낸다.

I'm go**ing** to the gym. (나는 헬스장으로 가고 있어.)

현재진행형을 사용하여 I가 말하는 시점인 지금 헬스장으로 가고 있다는 것을 나타낸다. I가 평소에도 규칙적으로 헬스장에 가는지는 알 수 없다.

예문 2

I wear glasses. (나는 안경을 써.)

현재형을 사용하여 I가 평소에 안경을 착용한다는 것을 나타낸다. I가 말하는 시점인 지금 안경을 착용하고 있는지 아닌지와는 상관없이 I wear glasses. 라고 말할 수 있다.

I'm wear**ing** glasses. (나는 지금 안경을 쓰고 있어.)

현재진행형을 사용하여 I가 말하는 시점인 지금 안경을 착용하고 있다는 것을 나타낸다. I가 평소에도 안경을 착용하는지는 알 수 없다.

예문 3

I work at home. (나는 평소에 집에서 일해.)

현재형을 사용하여 I가 평소에 집에서 일하는 일상을 나타낸다. I가 지금 일하는 중인지 아닌지 또는 오늘 일을 하는지 등의 여부는 알 수 없다.

I'm working at home. (나는 오늘은 집에서 일하고 있어.)

현재진행형을 사용하여 I가 말하는 시점인 지금 또는 오늘의 일시적인 상황을 나타낸다. 현재진행형은 말하는 지금 시점에 일어나고 있는 일뿐만 아니라 요즘 일시적으로 하고 있는 일을 나타낼 때도 쓴다. I가 평소에 어떻게 지내는지는 알 수 없다.

예문 4

I live in Seoul. (나는 서울에 살아.)

현재형을 사용하여 I가 지속적으로 서울에 거주하는 상황을 나타낸다.

I'm staying in Seoul. (나는 서울에 머무르고 있어.)

현재진행형을 사용하여 I가 말하는 시점인 지금 일시적으로 서울에 머무르고 있는 상황을 나타낸다. I가 앞으로 계속 서울에 머물 것인지는 알 수 없다.

현재형과 현재진행형의 부정문도 동일하게 구분하여 쓴다.

예문 5

I don't work. (나는 일을 안 해.)

현재형의 부정문을 사용하여 I가 지속적으로 무직 상태임을 나타낸다. '(평소에) ~ 안 한다'를 나타낼 때는 현재형의 부정문을 쓴다.

I'm not working. (나는 일을 안 하고 있어.)

현재진행형의 부정문을 사용하여 I가 말하는 시점인 지금 일을 안 하고 있다는 것을 나타낸다. I가 일을 하고 있는 중인지 아닌지는 말하는 그 순간에 일어나고 있는 일이므로 현재진행형을 쓴다.

예문 6

I don't wear make-up. (나는 화장을 안 해.)

현재형의 부정문을 사용하여 I가 평소에 화장을 안 한다는 일상적인 습관을 나타낸다. 현재형은 말하는 시점인 지금 일어나고 있는 일을 나타내지 않으므로, I가 화장을 한 상태에서도 I don't wear make-up.이라고 말할 수 있다.

I'm not wearing make-up. (나는 지금은 화장을 안 했어.)

현재진행형의 부정문을 사용하여 I가 말하는 시점인 지금 화장을 안 한 상태임을 나타낸다. I가 평소에도 화장을 안 하는지는 알 수 없다.

예문 7

I don't drive. (나는 운전을 안 해.)

현재형의 부정문을 사용하여 I가 평소에 운전을 안 한다는 일상적인 습관을 나타낸다. 현재형이므로 I가 운전 중에도 I don't drive.라고 말할 수 있다.

I'm not driving. (나는 오늘은 운전을 안 해.)

현재진행형은 요즘 일시적으로 하고 있는 일을 나타낼 때도 쓴다. I'm not driving.은 I가 말하는 시점인 지금 운전을 하고 있는지 안 하고 있는지와 상관없이 일시적으로 특정 기간 동안 운전을 안 하고 있다는 것을 나타낸다.

현재형과 현재진행형의 의문문도 동일하게 구분하여 쓴다.

예문 8

Do you cook? (너는 평소에 요리하니?)

현재형을 사용하여 '너는 (평소에) ~하니?'라고 지속적으로 반복되는 습관이나 행동 등을 물을 수 있다.

Are you cooking? (너는 지금 요리하고 있니?)

현재진행형을 사용하여 '너는 (지금) ~하고 있니?'라고 말하는 시점에 일어나고 있는 일을 묻고 있다.

예문 9

What do you do? (너는 무슨 일을 하니?)

현재형을 사용하여 상대방의 직업에 대해 묻고 있다. 현재형은 일상적으로 반복되는 일을 나타낼 때 쓰이므로 '직업'이라는 뜻의 job이나 work를 사용하지 않고도 직업을 물을 수 있다.

What are you doing? (너는 지금 뭐 하고 있니?)

현재진행형을 사용하여 상대방이 지금 하고 있는 일을 묻고 있다. 의미상 현재진행형은 '지금(now)'이라는 뜻을 내포하고 있으며, 문장에 now를 사용할 때는 '바로 지금'이라는 뜻을 강조하는 것이다.

현재형이 쓰인 다른 예문을 살펴보자.

나는 (평소) 토요일에 테니스를 쳐.
I play tennis on Saturday.

나는 (항상) 7시에 일어나.
I get up at 7.

나는 매년 스키를 타러 가.
I go skiing every year.

나는 수요일마다 일찍 퇴근해.
I get off work early on Wednesdays.
get off work는 '퇴근하다'라는 뜻이다.

나는 일주일에 세 번 요리해.
I cook 3 times a week.

나는 담배를 안 펴.
I don't smoke.

나는 텔레비전을 안 봐.
I don't watch TV.

나는 운동을 안 해.
I don't work out.

너는 술을 마시니?
Do you drink?

너는 여기에 자주 오니?
Do you come here often?

너는 이 근처에 사니?
Do you live near here?

너는 어디에 사니?
Where do you live?

너는 (항상) 어디서 노니?
Where do you hang out?

hang out은 '놀다', '많은 시간을 보내다', '어울리다'라는 뜻이다.

너는 (평소) 몇 시에 퇴근하니?
What time do you get off work? (16쪽 참고)

너는 어떤 음악을 좋아하니?
What music do you like?

> 현재진행형이 쓰인 다른 예문을 살펴보자.

나는 (지금) 텔레비전을 보고 있어.
I'm watching TV.

나는 (지금) 저녁을 먹고 있어.
I'm having dinner.

나는 (지금) 일자리를 찾고 있어.
I'm looking for a job.

나는 (잠시) 부모님과 함께 살고 있어.
I'm living with my parents.

나는 오늘 밤에 술을 안 마실 거야.
I'm not drinking tonight.

나는 농담하는 게 아니야.
I'm not kidding.

나는 (지금) 그것에 대해 말 안 할 거야.
I'm not talking about that.

너는 (지금) 콘택트렌즈를 끼고 있니?
Are you wearing contacts?

너는 (지금) 어디서 놀고 있니?
Where are you hanging out? (17쪽 참고)

너는 (지금) 누구와 저녁을 먹고 있니?
Who are you having dinner with?

단, 예외가 있다.

말하는 지금 시점에서 일어나고 있는 일을 나타낼 때, 현재진행형이 아닌 현재형을 쓰는 동사가 있다. 대표적인 동사로 상태동사인 have와 be가 있다. 예를 들어 I have a headache.(나는 두통이 있어.)는 지속적이고 일상적인 것이 아닌 지금 일시적으로 두통이 있는 상태이므로 원칙적으로는 현재진행형을 써야 한다. 하지만 예문처럼 두통이 있는 '상태'를 나타낼 때는 예외적으로 현재형을 쓴다. "나는 배가 고파."가 I'm being hungry.가 아닌 I'm hungry.인 이유도 위와 동일하다. 단, have가 I'm having breakfast.(나는 아침을 먹고 있어.)와 같이 '동작'을 나타낼 때는 현재진행형을 쓴다.

미래형

세 가지 미래형

미래형은 말하는 시점을 기준으로 앞으로 일어날 일을 나타낼 때 쓴다. 즉, 아직 일어나지 않은 미래의 일을 나타내고자 할 때 쓰는 것이다. 미래형은 '~할 것이다'라는 뜻으로 will, be going to, 그리고 현재진행형을 써서 나타낼 수 있다. 각 표현의 의미, 쓰임, 그리고 차이점에 대해 알아보자.

I'll play tennis tomorrow. (will)
I'm going to play tennis tomorrow. (be going to)
I'm playing tennis tomorrow. (현재진행형)

미래의 일을 나타낼 때는 be going to를 쓰자.

원어민들은 will, be going to, 그리고 현재진행형 모두를 써서 미래의 일을 말하지만 여러분에게는 주로 be going to를 써서 말할 것을 추천한다. be going to는 미래의 일을 나타내는 어떤 상황에서도 쓸 수 있지만, will과 현재진행형은 각각 특별한 쓰임이 있어 상황에 따라 구분해서 써야 한다.

will과 현재진행형의 차이점은 미래의 일이 이전부터 정해져 있었는지 아니었는지이다.

will은 말하는 지금 시점에서 즉각적으로 '~할 것이다'라고 어떤 결정을 내릴 때 쓴다. 또한 어떤 근거 없이 미래에 일어날 일을 예측하거나 예상할 때 쓴다.

현재진행형은 이미 정해져 있는 가까운 미래의 일, 즉 구체적인 약속이나 계획한 일을 나타낼 때 쓴다. 이때 이미 그 일을 하기 위한 준비가 '진행 중'이라는 의미가 내포되어 있다. 또한 이미 정해진 일정을 다른 사람에게 전할 때 쓴다. 다음 예문을 통해 두 표현의 차이점을 살펴보자.

I'm working tomorrow. (나는 내일 일해.)

내일 일하는 것은 이미 정해진 확실한 계획이므로 will이 아닌 현재진행형을 쓴다. will을 사용하여 I will work tomorrow.로 나타내면, "나는 내일 일할게."라고 I가 말하는 지금 시점에서 즉각적으로 결정을 내린 표현이 된다.

I'm turning 30 next year. (나는 내년에 서른이 돼.)

서른이 되는 해처럼 이미 정해져 있는 미래의 일을 나타낼 때는 현재진행형을 쓴다. will을 사용하여 I'll turn 30 next year.로 나타내면, "나는 내년에 서른이 될게."라고 I가 말하는 지금 시점에서 즉각적으로 결정을 내린 표현이 되므로 어색하다.

I'll call you later. (내가 나중에 네게 전화할게.)

말하는 지금 시점에서 즉각적으로 '~할 것이다'라고 어떤 결정을 내릴 때는 will을 쓴다. 현재진행형을 사용하여 I'm calling you later.로 나타내면, "내가 나중에 네게 전화하겠어."라는 다소 무서운 뉘앙스를 풍길 수 있다.

I'll get lost. (나는 길을 잃을 것 같아.)

미래에 일어날 일을 단순히 예상할 때는 will을 쓴다. 현재진행형을 사용하면 '내일은 길을 잃게 되는 날이야.'가 되어 미리 길을 잃게 될 것을 계획해 놓은 듯한 표현이 되므로 어색하다.

Do you want to see a movie tomorrow?
(내일 영화 보러 갈래?)

◎ **I'm play**ing **tennis tomorrow.**
(나는 내일 테니스를 치기로 했어.)

✕ **I'll play tennis tomorrow.**
(나는 내일 테니스를 칠게.)

상대방의 제안에 이미 정해진 다른 계획이 있어 거절해야 한다면, 현재진행형을 사용하여 대답할 수 있다. will을 사용하여 대답하면, 의도적으로 갑자기 다른 계획을 세워 상대방의 제안을 거절하는 느낌을 줘 무례한 표현이 될 수 있다.

> **be going to**는 어떤 미래의 일이든 나타낼 수 있으므로 앞의 예문은 다음과 같이 바꿔 쓸 수 있다.

I'm going to work tomorrow.
I'm going to turn 30 next year.
I'm going to call you later.
I'm going to get lost.
I'm going to play tennis tomorrow.

be going to를 사용한 미래형 표현으로 바꿀 때는 be를 주어에 맞는 be동사로 바꿔 쓴다.

위의 내용은 케임브리지 대학교 출판부의 *English Grammar in Use*에서도 찾아볼 수 있다.

- We use "I'll" when we've just decided to do something.
  (will은 즉각적으로 결정한 미래의 일을 나타낼 때 쓴다.)

- Do not use "will" to talk about what you decided before.
  (이미 정해진 미래의 일에는 will을 쓰지 않는다.)

- I'm doing something tomorrow = I have already decided and arranged to do it.
  (현재진행형은 이미 정해진 미래의 계획을 나타낼 때 쓴다.)

will과 현재진행형이 쓰인 다른 예문을 살펴보자.

그럼 이렇게 하자.
I'll tell you what.

관용 표현으로, 말하는 지금 시점에서 즉각적으로 어떤 일을 결정하거나 제안할 때는 will을 쓴다.

나는 내년에 뉴욕으로 이사해.
I'm moving to New York next year.

next year처럼 먼 미래라도 이미 정해져 있는 미래의 계획을 나타낼 때는 현재진행형을 쓴다.

나도 너와 같이 갈게.
I'll go with you.

'~에 갈 거야'라는 상대방의 말에 대한 대답으로, 말하는 지금 시점에서 즉각적으로 I도 같이 가겠다고 결정을 내릴 때는 will을 쓴다.

나는 다음 달에 결혼해.
I'm getting married next month.

다음 달에 결혼한다는 확실한 계획이 정해져 있는 미래의 일을 나타낼 때는 현재진행형을 쓴다. will을 사용하여 I'll get married next month.로 나타내면, 말하는 지금 시점에서 즉각적으로 다음 달에 결혼할 거라고 결정을 내리는 표현이 된다.

내가 아무에게도 말 안 할게.
I won't tell anyone.
상대방에게 어떤 일을 해주겠다고 약속할 때도 will을 쓴다. won't는 will의 부정 표현으로 will not의 줄임말이다.

나는 다음 주에 월급을 받아.
I'm getting paid next week.
월급을 받는 것처럼 이미 정해져 있는 미래의 일을 나타낼 때는 현재진행형을 쓴다.

내가 설거지를 할게.
I'll do the dishes.
말하는 지금 시점에서 즉각적으로 설거지를 하겠다고 결정을 내릴 때는 will을 쓴다.

나는 내일 일을 안 해.
I'm not working tomorrow.
말하는 시점 이전에 이미 결정하고 계획해 놓은 미래의 일을 나타낼 때는 현재진행형을 쓴다.

아마 비가 내릴 거야.
It'll probably rain.
확실한 근거 없이 미래의 일을 예측할 때는 주로 will을 쓴다.

그녀는 화를 낼 것 같아.
She'll get angry.

확실한 근거 없이 자신의 생각과 의견을 바탕으로 미래의 일을 예상할 때는 will을 쓴다.

그는 안 올 것 같아.
He won't come.

안 올 것 같다는 것은 자신의 생각과 의견을 바탕으로 한 예상이므로 will을 쓴다.

PART 1

딱 30패턴으로 잡는 영어회화

PART 1에서는 원어민들이 일상 대화에서 자주 사용하는 기본 30패턴을 소개한다. 이 30패턴을 반복적으로 연습해서 익힌 후 PART 2의 여러 가지 다양한 표현들을 30패턴에 적용하여 응용할 수 있는 뼈대를 만들어 보자.

be going to

를 사용하는 패턴

be going to는 will과 함께 미래의 의미를 나타내는 표현이다. 주로 계획되거나 정해진 미래의 일을 나타내어 '~할 것이다', '~할 예정이다'라는 뜻으로 쓰인다. be going to 뒤에는 항상 동사원형을 쓴다.

PATTERN 01　　I'm going to ~
PATTERN 02　　Are you going to ~?
PATTERN 03　　I was going to ~

PATTERN 01

I'm going to ~

나 ~할 거야 · 나 ~할 예정이야 · 나 ~할 것 같아

'나 ~할 거야'라고 자신이 가까운 미래에 하려고 계획해 놓은 일이나 하고자 하는 일에 대해 말할 때 쓰는 패턴이다. I'm going to 뒤에는 앞으로 할 일을 나타내는 동사를 원형으로 쓴다. 일상 대화에서는 going to를 gonna로 줄여 말한다.

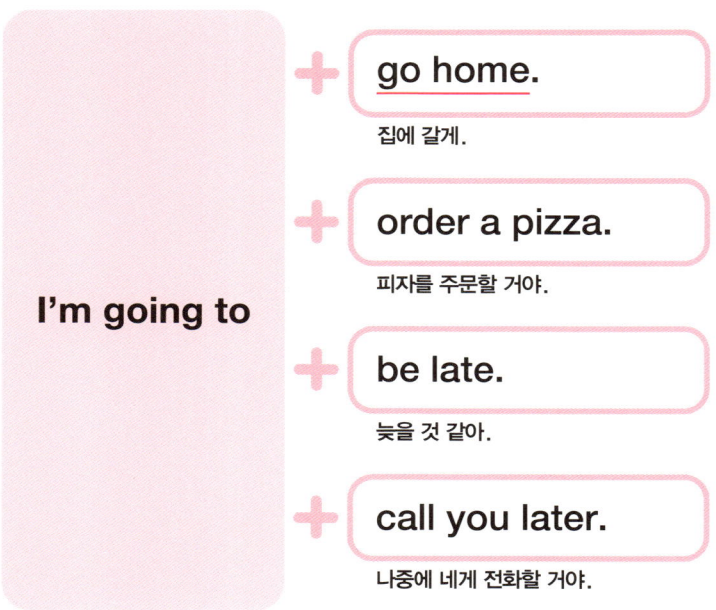

I'm going to

+ go home.
집에 갈게.

+ order a pizza.
피자를 주문할 거야.

+ be late.
늦을 것 같아.

+ call you later.
나중에 네게 전화할 거야.

상황별로 사용할 수 있는 표현

일상

나는 잠 들 것 같아.
I'm going to fall asleep.

나는 거절할 거야.
I'm going to say no.

일

나는 이직할 거야.
I'm going to change jobs.

나는 목표를 달성할 거야.
I'm going to hit my target.

연애

나는 그녀에게 데이트를 신청할 거야.
I'm going to ask her out.

나는 그와 결혼할 거야.
I'm going to marry him.

주어를 바꿔 보자

I'm을 He's / She's / It's / You're / We're / They're로 바꿔 자신 이외의 이야기도 해 보자.

일상

그는 돈을 인출할 거야.
He's going to get money out.

비가 내릴 것 같아.
It's going to rain.

가사

우리는 저녁 식사를 준비할 거야.
We're going to make dinner.

그녀는 개를 산책시킬 거야.
She's going to walk the dog.

여가

우리는 그들을 집으로 초대할 거야.
We're going to have them over.

그들은 나를 데리고 나갈 거야.
They're going to take me out.

PATTERN 01 I'm going to ~

 not을 넣어 부정으로 바꿔 보자

I'm going to ~의 부정형은 be동사 뒤에 not을 붙인 I'm not going to ~이다. 이때 to 뒤에 동사원형을 쓴다.

일상

나는 늦잠을 자지 않을 거야.
I'm not going to sleep in.

눈이 내리지 않을 것 같아.
It's not going to snow.

연애

너는 바람 피우지 않을 것 같아.
You're not going to get cheated on.

그들은 헤어지지 않을 것 같아.
They're not going to break up.

일

나는 독립하지 않을 거야.
I'm not going to go out on my own.

우리는 마감일을 지키지 못할 것 같아.
We're not going to meet the deadline.

PATTERN 02

Are you going to ~?

너 ~할 거니? • 너 ~할 예정이니? • 너 ~할 것 같니?

'너 ~할 거니?'라고 상대방에게 가까운 미래에 어떤 일을 할 것인지 물어볼 때 쓰는 패턴이다. Are you going to 뒤에는 상대방이 하기로 결심했거나 계획한 일을 나타내는 동사를 원형으로 쓴다.

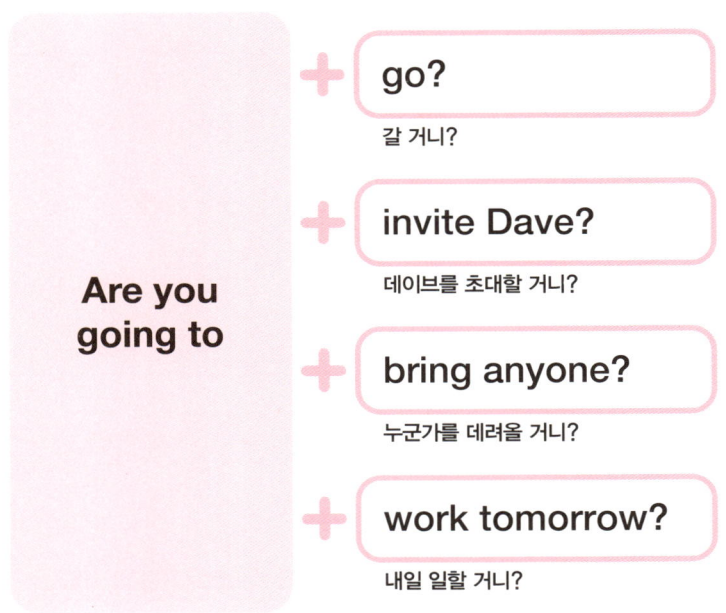

Are you going to +

go?
갈 거니?

invite Dave?
데이브를 초대할 거니?

bring anyone?
누군가를 데려올 거니?

work tomorrow?
내일 일할 거니?

상황별로 사용할 수 있는 표현

일상

너는 음식을 배달시킬 거니?
Are you going to order in?

너는 옷을 갈아입을 거니?
Are you going to get changed?

건강

너는 수술을 받을 거니?
Are you going to have an operation?

너는 건강한 몸을 유지할 거니?
Are you going to stay in shape?

연애

너는 튕길 거니?
Are you going to play hard to get?

너는 화해할 거니?
Are you going to make up?

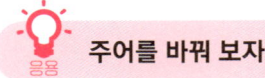

주어를 바꿔 보자

Are you를 Am I/Is he/Is she/Are we/Are they로 바꿔 질문의 범위를 넓혀 보자.

일

저는 해고되는 건가요?
Am I going to get fired?

그가 승진할 것 같나요?
Is he going to get promoted?

야외 활동

그녀는 스키 타러 갈 거니?
Is she going to go skiing?

우리는 캠핑하러 갈 거니?
Are we going to go camping?

연애

그들은 결혼할 예정이니?
Are they going to get married?

그녀가 (재산의) 절반을 받을 것 같니?
Is she going to get half?

PATTERN 02 Are you going to ~?

not을 넣어 부정으로 바꿔 보자

Are you going to ~?의 부정형은 Aren't you going to ~?로, 상대방이 할 일을 재촉·질책·명령할 때 주로 쓴다.

일상

너는 손을 안 씻을 거니?
Aren't you going to wash your hands?

너는 사과를 안 할 거니?
Aren't you going to say sorry?

가사

너는 빨래를 안 널 거니?
Aren't you going to hang out the laundry?

너는 쓰레기를 안 내다 버릴 거니?
Aren't you going to take out the trash?

여가

너는 함께 택시를 안 탈 거니?
Aren't you going to share a taxi?

너는 관광을 안 할 거니?
Aren't you going to go sightseeing?

What / Where / Who / When / How 등을 붙여 보자

Are you going to ~? 앞에 의문사를 붙여 좀더 구체적으로 질문해 보자.

일상

너는 어디로 갈 거니?
Where are you going to go?

너는 거기에 어떻게 갈 거니?
How are you going to get there?

가사

너는 몇 시에 저녁 식사를 준비할 거니?
What time are you going to make dinner?

너는 어디서 개를 산책시킬 거니?
Where are you going to walk the dog?

여가

너는 어디로 술 마시러 갈 거니?
Where are you going to go drinking?

너는 누구와 데이트할 거니?
Who are you going to go out with?

PATTERN 02 Are you going to ~?

 What / Where / Who / When 등을 붙이고 주어를 바꿔 보자

What(What time/Where/Who/When) are you going to ~?에서 are you를 is he / is she / are we / are they로 바꿔 질문의 범위를 넓혀 보자.

일상

그는 몇 시에 올까?
What time is he going to come?

우리는 뭐 먹을까?
What are we going to eat?

연애

그들은 언제 결혼할까?
When are they going to get married?

그녀는 누구와 결혼할까?
Who is she going to marry?

여가

우리는 언제 바닷가에 갈까?
When are we going to go to the beach?

그들은 어디서 골프를 칠까?
Where are they going to play golf?

PATTERN 03

I was going to ~

나 ~하려고 했어

'나 ~하려고 했어'라고 자신이 과거에 하려고 계획했지만 하지 않았거나 못했던 일을 상대방에게 말할 때 쓰는 패턴이다. 지금까지 실행에 옮기지 않았다는 의미를 포함하고 있다. I was just going to ~로 말할 수 있으며, 일상 대화에서는 going to를 gonna로 줄여 말한다.

I was going to +

tell you.
(but I forgot)

네게 말하려고 했어. (하지만 깜빡했어.)

play golf.
(but it rained)

골프를 치려고 했어. (하지만 비가 내렸어.)

buy it.
(but it was sold out)

그것을 사려고 했어. (하지만 품절되었어.)

cook.
(but I was too tired)

요리하려고 했어. (하지만 너무 피곤했어.)

상황별로 쓸 수 있는 표현

일상

나는 곧장 집에 가려고 했어. (하지만 술 마시러 갔어.)
I was going to go straight home.
(but I went drinking)

나는 샤워를 하려고 했어. (하지만 시간이 없었어.)
I was going to take a shower.
(but I didn't have time)

가사

나는 정원에 물을 주려고 했어. (하지만 깜박했어.)
I was going to water the garden. (but I forgot)

나는 빨래를 하려고 했어. (하지만 비가 내렸어.)
I was going to do the laundry. (but it rained)

건강

나는 살을 빼려고 했어. (하지만 뺄 수 없었어.)
I was going to lose weight. (but I couldn't)

나는 치과에 가려고 했어. (하지만 시간이 없었어.)
I was going to go to the dentist.
(but I didn't have time)

주어를 바꿔 보자

주어가 He / She인 경우 was going to를, You / We / They인 경우 were going to를 써서 자신 이외의 이야기도 해 보자.

여가

우리는 파티를 하려고 했어. (하지만 취소되었어.)
We were going to have a party.
(but it got canceled)

그가 우리를 데리고 나가려고 했어. (하지만 그가 아팠어.)
He was going to take us out.
(but he got sick)

연애

우리는 결혼하려고 했어. (하지만 헤어졌어.)
We were going to get married.
(but we broke up)

그녀는 그를 차 버리려고 했어. (하지만 그녀는 그렇게 하지 않았어.)
She was going to dump him.
(but she didn't)

일

우리는 그것을 원칙대로 하려고 했어. (하지만 창의적으로 했어.)
We were going to do it by the book.
(but we got creative)

그는 일찍 퇴근하려고 했어. (하지만 초과 근무를 했어.)
He was going to finish work early.
(but he did overtime)

PATTERN 03 I was going to ~

not을 넣어 부정으로 바꿔 보자

I was going to ~의 부정형은 I was not (wasn't) going to ~이다. 주어에 따라 wasn't (weren't) going to를 써서 더 많은 표현을 말해 보자.

여가

나는 택시를 타지 않으려고 했어. (하지만 막차를 놓쳤어.)
I wasn't going to get a taxi.
(but I missed the last train)

우리는 클럽에 가지 않으려고 했어. (하지만 갔어.)
We weren't going to go clubbing.
(but we did)

연애

나는 그와 결혼하지 않으려고 했어. (하지만 그가 내 마음을 변화시켰어.)
I wasn't going to marry him.
(but he changed my mind)

그는 그녀에게 추근거리려고 하지 않았어. (하지만 그는 술에 취했어.)
He wasn't going to hit on her.
(but he was drunk)

일

우리는 그들에게 푸짐하게 대접하지 않으려고 했어. (하지만 대접해야만 했어.)
We weren't going to wine and dine them.
(but we had to)

나는 (일을) 대충하지 않으려고 했어. (하지만 우리는 시간이 없었어.)
I wasn't going to cut corners.
(but we didn't have time)

COLUMN

SVO Part 1 영어는 단어의 자리가 중요하다

영어 문장은 주어와 동사로 시작하며, 그 동사에 따라 보어나 목적어, 수식어 등이 뒤따라온다. 다음 예문을 살펴보자.

<u>I</u> **<u>learn</u>** <u>English</u>. (나는 영어를 배워.)
 S   V   O

위의 문장에서 learn은 '배우다'라는 뜻의 동사(V)이다. 동사 learn의 왼쪽에 있는 I는 주어(S)로, 우리말의 '은/는/이/가'로 해석한다. 그리고 동사 learn의 오른쪽에 있는 English는 목적어(O)로, 우리말의 '을/를'로 해석한다.

영어는 단어의 자리인 어순이 중요한 언어이다. 예를 들어 우리말의 '나는 영어를 배워.'를 '영어를 내가 배워.', '배워 내가 영어를.'로 말의 순서를 바꿔도 의미가 달라지지 않는다. 하지만 영어의 I learn English.를 English I learn.처럼 써서는 말 자체가 되지 않는다. 이는 조사 때문이다. 우리말은 목적격조사 '을/를'이 붙어 있는 한 문장의 어느 자리에 있더라도 목적어 역할을 한다. 하지만 조사가 없는 영어는 주어 자리에 오면 주어, 목적어 자리에 오면 목적어가 되는 것이다.

<u>English</u> **<u>learn</u>** <u>I</u>. (영어가 나를 배워.)
   S   V   O

위의 문장처럼 영어는 같은 단어라도 자리에 따라 문장 성분이 달라지거나 의미가 달라진다.

want

를 사용하는 패턴

'원하다'라는 뜻의 동사 want는 뒤에 to를 써서 자신이 원하거나 바라는 일뿐만 아니라 상대방이 자신에게 원하거나 바라는 일까지도 나타낼 수 있다. want to는 단도직입적이고 직설적인 뉘앙스를 풍기므로 가까운 사이 또는 격식을 차리지 않아도 되는 상황에 어울리는 표현이라는 것을 기억해 두자.

PATTERN 04　　I want to ~
PATTERN 05　　Do you want to ~?
PATTERN 06　　Do you want me to ~?

PATTERN 04

I want to ~

나 ~하고 싶어

'나 ~하고 싶어'라고 자신이 하고 싶은 일에 대해 말할 때 쓰는 패턴이다. want to는 '~하는 것을 원하다'라는 뜻으로, I want to 뒤에는 하고 싶은 일을 나타내는 동사를 원형으로 쓴다. 일상 대화에서는 want to를 wanna로 줄여 말한다.

I want to + go home.
집에 가고 싶어.

I want to + see you.
너를 만나고 싶어.

I want to + talk to him.
그와 이야기하고 싶어.

I want to + go somewhere.
어디론가 가고 싶어.

PATTERN 04 | I want to ~

상황별로 사용할 수 있는 표현

건강

나는 살을 빼고 싶어.
I want to lose weight.

나는 스트레스를 해소하고 싶어.
I want to get rid of stress.

연애

나는 이혼하고 싶어.
I want to get divorced.

나는 청혼을 받고 싶어.
I want to get proposed to.

일

나는 그것을 뒤로 미루고 싶어.
I want to move it back.

나는 이익을 내고 싶어.
I want to turn a profit.

주어를 바꿔 보자

주어가 You / We / They인 경우 want to를, He / She인 경우 wants to를 써서 자신 이외의 이야기도 해 보자.

일상

그들은 집에 있고 싶어 해.
They want to stay home.

그녀는 머리를 자르고 싶어 해.
She wants to get a haircut.

야외 활동

우리는 스쿠버 다이빙을 하러 가고 싶어.
We want to go scuba-diving.

그는 요트를 타러 가고 싶어 해.
He wants to go sailing.

연애

그녀는 밀당하고 싶어 해.
She wants to play games.

그들은 헌팅당하고 싶어 해.
They want to get picked up.

PATTERN 04 · I want to ~

 don't를 넣어 부정으로 바꿔 보자

I want to ~의 부정형은 일반동사 want 앞에 don't를 붙인 I don't want to ~이다. 주어에 따라 don't(doesn't) want to를 써서 더 많은 표현을 말해 보자.

여가

그들은 함께 택시를 타고 싶어 하지 않아.
They don't want to share a taxi.

그는 그녀에게 저녁을 사 주고 싶어 하지 않아.
He doesn't want to buy her dinner.

연애

나는 다투고 싶지 않아.
I don't want to have a fight.

그녀는 어장 관리를 당하고 싶어 하지 않아.
She doesn't want to get led on.

피해

나는 바가지를 쓰고 싶지 않아.
I don't want to get ripped off.

그는 소매치기를 당하고 싶어 하지 않아.
He doesn't want to get pickpocketed.

PATTERN 05

Do you want to ~?

너 ~하고 싶니? · ~할래?

주로 친밀한 관계에서 '너 ~하고 싶니?'라고 상대방이 어떤 일을 하고 싶은지 물어볼 때 쓰는 패턴이다. 상대방에게 '~할래?'라고 어떤 일을 제안할 때도 쓴다. Do you want to 뒤에는 상대방이 하고 싶은지 궁금한 일을 나타내는 동사를 원형으로 쓴다.

Do you want to + speak English?
영어로 말할래?

Do you want to + invite Dave?
데이브를 초대할래?

Do you want to + eat something?
뭐 좀 먹을래?

Do you want to + come over?
우리집에 올래?

PATTERN 05 Do you want to ~?

상황별로 사용할 수 있는 표현

여가

드라이브 갈래?
Do you want to go for a drive?

영화 보러 갈래?
Do you want to go to the movies?

야외 활동

스노보드 타러 갈래?
Do you want to go snowboarding?

낚시하러 갈래?
Do you want to go fishing?

일

더 손해를 보기 전에 그만둘까요?
Do you want to cut our losses?

회의 할까요?
Do you want to have a meeting?

051

What / Where / Who / How 등을 붙여 보자

Do you want to ~? 앞에 의문사를 붙여 좀더 구체적으로 질문해 보자.

일상

너는 뭐 하고 싶니?
What do you want to do?

너는 거기에 어떻게 가고 싶니?
How do you want to get there?

너는 뭐 먹고 싶니?
What do you want to eat?

너는 무엇에 관해 이야기하고 싶니?
What do you want to talk about?

너는 어디를 가고 싶니?
Where do you want to go?

너는 어디서 만나고 싶니?
Where do you want to meet?

너는 몇 시에 만나고 싶니?
What time do you want to meet?

PATTERN 05 Do you want to ~?

너는 누구를 초대하고 싶니?
Who do you want to invite?

너는 어떤 식당에 가고 싶니?
What restaurant do you want to go to?

너는 어떤 언어로 말하고 싶니?
What language do you want to speak?

여가

너는 어떤 영화를 보고 싶니?
What movie do you want to see?

너는 어디를 여행하고 싶니?
Where do you want to go traveling?

PATTERN 06

Do you want me to ~?

내가 ~해 줄까? · 내가 ~할까?

'내가 ~해 줄까?'라고 상대방에게 자신이 어떤 일을 하기를 원하는지 물어볼 때 쓰는 패턴이다. '내가 ~할까?'라고 상대방에게 자신의 행동을 제안할 때도 쓴다. Do you want me to 뒤에는 동사원형을 쓰며, me 대신 다른 목적어를 써서 말할 수 있다.

Do you want me to

+ **help?**
  도와줄까?

+ **explain?**
  설명해 줄까?

+ **get you anything?**
  뭐 좀 가져다 줄까?

+ **show you around Tokyo?**
  도쿄 구경시켜 줄까?

상황별로 사용할 수 있는 표현

가사

내가 저녁 식사를 준비할까?
Do you want me to make dinner?

내가 설거지를 할까?
Do you want me to do the dishes?

여가

내가 저녁을 사 줄까?
Do you want me to buy you dinner?

내가 술 마시는 데 데리고 가 줄까?
Do you want me to take you drinking?
(196쪽 참고)

일

제가 다시 연락 드릴까요?
Do you want me to get back to you?

제가 그것을 앞당겨 드릴까요?
Do you want me to move it up?

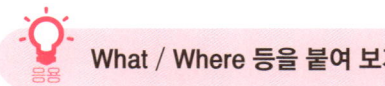 **What / Where 등을 붙여 보자**

Do you want me to ~? 앞에 의문사를 붙여 좀더 구체적으로 질문해 보자.

여가

내가 어떻게 해 줄까?
What do you want me to do?

내가 몇 시에 데리러 갈까?
What time do you want me to pick you up?

_{pick someone up은 '~에게 수작을 걸다', '~를 데리러 가다'라는 뜻이다.}

가사

내가 몇 시에 저녁 식사를 준비하면 될까?
What time do you want me to make dinner?

내가 뭘 만들어 줄까?
What do you want me to make?

일

제가 몇 시에 전화 드릴까요?
What time do you want me to call?

제가 이것을 어디에 두면 될까요?
Where do you want me to put this?

동사의 원형

을 사용하는 패턴

다음 패턴은 앞서 배운 be going to, want와 같이 뒤에 동사의 원형을 쓴다.

PATTERN 07	Can I ~?
PATTERN 08	Can you ~?
PATTERN 09	I have to ~
PATTERN 10	Why don't you ~?
PATTERN 11	You should ~
PATTERN 12	I used to ~

PATTERN 07

Can I ~?

내가 ~해도 될까?

'내가 ~해도 될까?'라고 상대방에게 자신이 어떤 일을 해도 되는지 허락이나 양해를 구할 때 쓰는 패턴이다. Can I 뒤에는 물어보고 싶은 일을 나타내는 동사를 원형으로 쓴다. 상대방에게 좀 더 공손히 허락을 구할 때는 Could I ~? 또는 May I ~?로 말한다.

Can I +

- **borrow this?**
  이것을 빌려도 될까?

- **ask a question?**
  질문해도 될까?

- **eat the last cookie?**
  마지막 쿠키를 먹어도 될까?

- **bring a friend?**
  친구를 데려와도 될까?

상황별로 사용할 수 있는 표현

일상

내가 화장실을 사용해도 될까?
Can I use the restroom?

내가 집에 가도 될까?
Can I go home?

일

제가 그것에 대해서는 다시 연락 드려도 될까요?
Can I get back to you on that?

제가 오후 반차를 내도 될까요?
Can I take the afternoon off?

여가

내가 오늘밤에 외식해도 될까?
Can I eat out tonight?

내가 내일 골프를 쳐도 될까?
Can I play golf tomorrow?

PATTERN 08

Can you ~?

~ 좀 해 줄래?

'~ 좀 해 줄래?'라고 상대방에게 어떤 일을 해 달라고 부탁할 때 쓰는 패턴이다. Can you 뒤에는 부탁하고 싶은 일을 나타내는 동사를 원형으로 쓴다. 상대방에게 좀 더 공손히 부탁할 때는 Could you ~?로 말한다.

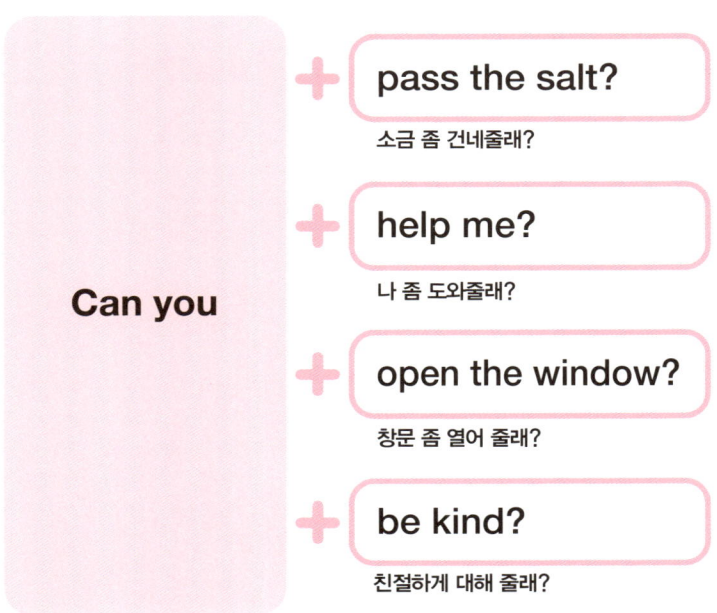

Can you + **pass the salt?**
소금 좀 건네줄래?

+ help me?
나 좀 도와줄래?

+ open the window?
창문 좀 열어 줄래?

+ be kind?
친절하게 대해 줄래?

PATTERN 08 Can you ~?

상황별로 사용할 수 있는 표현

일상

준비 좀 해 줄래?
Can you get ready?

미안하다고 말해 줄래?
Can you say sorry?

가사

개에게 먹이 좀 줄래?
Can you feed the dog?

집 좀 환기시켜 줄래?
Can you air out the house?

일

초과 근무 좀 해 줄래요?
Can you do overtime?

제게 다시 연락해 주실래요?
Can you get back to me?

PATTERN 09

I have to ~

나 ~해야 해 · 나 ~하지 않으면 안 돼

'나 ~해야 해'라고 자신의 의지와는 상관없이 꼭 해야 하는 의무나 규칙상 해야 하는 일에 대해 말할 때 쓰는 패턴이다. I have to 뒤에는 동사의 원형을 쓴다. I have to와 같은 의미의 패턴으로 I've gotta가 있다. I've gotta는 I have got to의 줄임말로, have to보다 비격식적인 표현으로 일상 대화에서 자주 쓰인다.

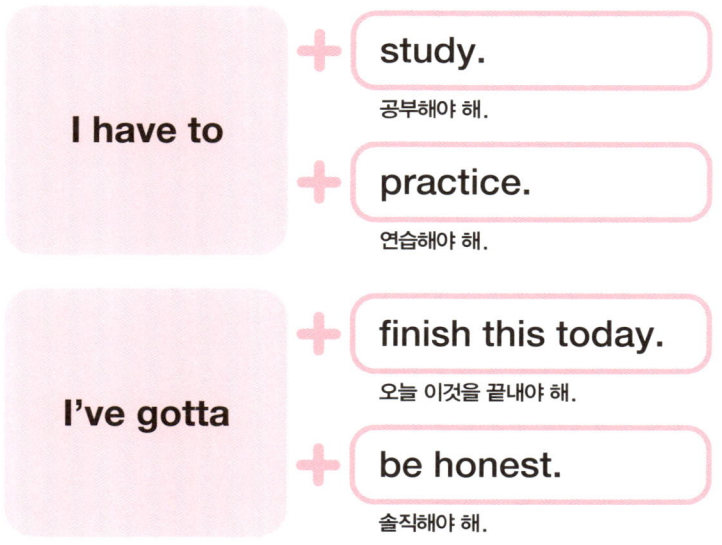

I have to + **study.** 공부해야 해.

I have to + **practice.** 연습해야 해.

I've gotta + **finish this today.** 오늘 이것을 끝내야 해.

I've gotta + **be honest.** 솔직해야 해.

상황별로 사용할 수 있는 표현

일상

나는 오늘 곧장 집에 가지 않으면 안 돼.
I have to go straight home today.

나는 준비해야 해.
I've gotta get ready.

일

나는 목표를 달성해야 해.
I have to hit my target.

나는 경비를 절감하지 않으면 안 돼.
I've gotta cut costs.

가사

나는 빨래를 걷어야 해.
I have to get the laundry in.

나는 개를 산책시키지 않으면 안 돼.
I've gotta walk the dog.

주어를 바꿔 보자

주어가 You / We / They인 경우 have to를, He / She인 경우 has to를 써서 자신 이외의 이야기도 해 보자.

일상

그는 집에 가지 않으면 안 돼.
He has to go home.

너는 고맙다고 말해야 해.
You have to say thank you.

건강

우리는 건강한 몸을 유지해야 해.
We have to stay in shape.

그녀는 수술을 받아야 해.
She has to have an operation.

일

그들은 더 손해를 보기 전에 그만두지 않으면 안 돼.
They have to cut their losses.

우리는 초과 근무를 해야 해.
We have to do overtime.

부정으로 바꿔 보자

I have to ~의 부정형은 I don't have to ~로, '나 ~할 필요가 없어', '나 ~하지 않아도 돼'라는 뜻이다. 주어에 따라 don't(doesn't) have to를 써서 더 많은 표현을 말해 보자.

일

나는 해고되지 않아도 돼.
I don't have to get fired.

그는 계약을 따내지 않아도 돼.
He doesn't have to get a contract.

연애

우리는 다투지 않아도 돼.
We don't have to have a fight.

그녀는 부자와 결혼하지 않아도 돼.
She doesn't have to marry into money.

가사

나는 정원에 물을 주지 않아도 돼.
I don't have to water the garden.

그들은 장을 보지 않아도 돼.
They don't have to do the shopping.

PATTERN 10

Why don't you ~?

너 ~하는 게 어때?

'너 ~하는 게 어때?'라고 상대방에게 어떤 일을 권유하거나 제안할 때 쓰는 패턴이다. '너 왜 ~ 안 해?'라고 해석하지 않도록 주의한다. Why don't you 뒤에는 상대방에게 기대하는 일을 나타내는 동사를 원형으로 쓴다. 같은 의미의 패턴으로는 Why not ~?이 있다.

Why don't you +

- **come?** 오는 게 어때?
- **complain?** 불만을 말하는 게 어때?
- **ask him?** 그에게 물어보는 게 어때?
- **take up a sport?** 운동을 시작하는 게 어때?
  take up은 '시작하다'라는 뜻이다.

상황별로 사용할 수 있는 표현

일상

너는 머리를 자르는 게 어때?
Why don't you get a haircut?

너는 옷을 갈아입는 게 어때?
Why don't you get changed?

일

당신은 아파서 출근 못한다고 전화하는 게 어때요?
Why don't you call in sick?

당신은 (직장을) 그만두는 게 어때요?
Why don't you quit?

건강

너는 병원에 가는 게 어때?
Why don't you see a doctor?

너는 그의 병문안을 가는 게 어때?
Why don't you visit him in the hospital?

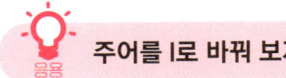
주어를 I로 바꿔 보자

Why don't you ~?를 Why don't I ~?로 바꿔 '내가 ~하는 게 어때?'라고 상대방에게 제안하는 말을 해 보자.

일상

내가 운전하는 게 어때?
Why don't I drive?

내가 너를 도와주는 게 어때?
Why don't I help you?

여가

내가 네게 저녁을 사 주는 게 어때?
Why don't I buy you dinner?

내가 너를 데리고 나가는 게 어때?
Why don't I take you out?

가사

내가 빨래하는 게 어때?
Why don't I do the laundry?

내가 개에게 먹이를 주는 게 어때?
Why don't I feed the dog?

PATTERN 10 Why don't you ~?

주어를 we로 바꿔 보자

Why don't you ~?를 Why don't we ~?로 바꿔 '우리 ~하는 게 어때?'라고 상대방에게 권유하거나 제안하는 말을 해 보자.

여가

우리 함께 택시 타는 게 어때?
Why don't we share a taxi?

우리 여행하는 게 어때?
Why don't we go traveling?

일

우리 그들에게 푸짐하게 대접하는 게 어때?
Why don't we wine and dine them?

우리 그것을 미루는 게 어때?
Why don't we move it back?

연애

우리 결혼하는 게 어때?
Why don't we get married?

우리 화해하는 게 어때?
Why don't we make up?

PATTERN 11

You should ~

너 ~하는 게 좋겠어

'너 ~하는 게 좋겠어'라고 상대방에게 자신의 의견을 드러내며 조심스럽게 조언이나 충고를 할 때 쓰는 패턴이다. You should 뒤에는 동사의 원형을 쓴다. 비슷한 의미의 패턴인 You had better ~는 You should ~보다 좀 더 강한 충고나 경고의 의미를 지닌다.

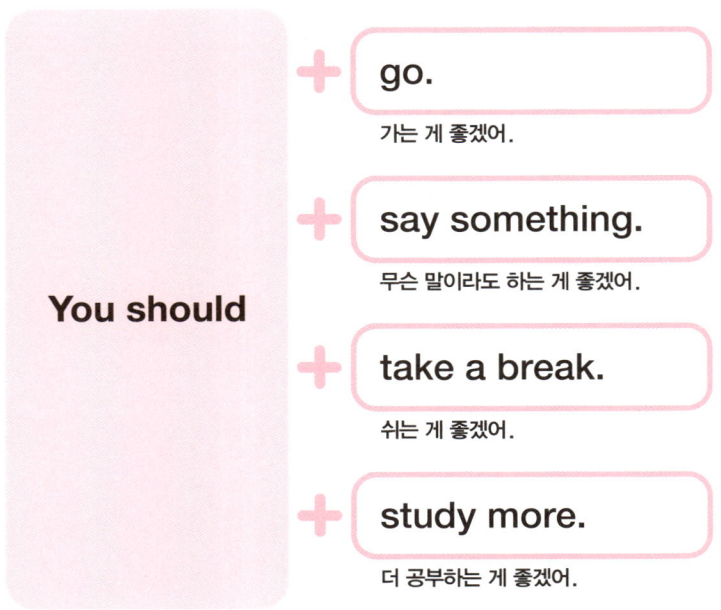

PATTERN 11 You should ~

상황별로 사용할 수 있는 표현

일상

너는 거절하는 게 좋겠어.
You should say no.

너는 더 일찍 일어나는 게 좋겠어.
You should get up earlier.

연애

너는 튕기는 게 좋겠어.
You should play hard to get.

너는 그녀에게 데이트를 신청하는 게 좋겠어.
You should ask her out.

일

당신은 경비를 절감하는 게 좋겠어요.
You should cut costs.

당신은 아파서 출근 못한다고 전화하는 게 좋겠어요.
You should call in sick.

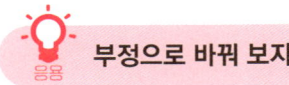 **부정으로 바꿔 보자**

You should ~의 부정형은 You should not(shouldn't) ~로, '너 ~하지 않는 게 좋겠어'라는 뜻이다. 이때 should not(shouldn't) 뒤에 동사원형을 쓴다.

일상

너는 그렇게 많은 돈을 쓰지 않는 게 좋겠어.
You shouldn't spend so much money.

너는 그렇게 늦게까지 깨어 있지 않는 게 좋겠어.
You shouldn't stay up so late.

연애

너는 그를 어장 관리 하지 않는 게 좋겠어.
You shouldn't lead him on.

너는 바람 피우지 않는 게 좋겠어.
You shouldn't cheat.

일

당신은 장부를 조작하지 않는 게 좋겠어요.
You shouldn't cook the books.

당신은 (일을) 대충하지 않는 게 좋겠어요.
You shouldn't cut corners.

SVO Part 2 '은/는/이/가' 해석에 주의한다

$\underline{I}_{S}$ **$\underline{learn}_{V}$** $\underline{English.}_{O}$ (나는 영어를 배워.)

영어를 우리말로 그대로 옮길 때, 특히 주어로서 '은/는/이/가'로 해석할 때는 주의가 필요하다. 대부분의 학습자는 '은/는/이/가'로 해석될 때 주어라고 단정 짓는데, 사실상 주어이거나, 목적어이거나, 둘 다 아닐 수 있다.

예를 들어 우리말의 '라면은 먹었지만 만두는 먹지 않았다.'에서 '은/는'을 주어로 정하여 영어로 바꾸면, 다음과 같이 어색한 문장이 된다.

× Instant noodles ate. (라면은 먹었다.)
× Dumplings didn't eat. (만두는 먹지 않았다.)

우리말의 '라면은'과 '만두는'을 주어가 아닌 목적어로 정하여 영어로 바꾸면, 다음과 같이 자연스러운 문장이 된다.

◎ I ate instant noodles. (나는 라면을 먹었다.)
◎ I didn't eat dumplings. (나는 만두를 먹지 않았다.)

마찬가지로 우리말의 '화요일은 라면을 먹는다.'에서 '은'을 주어로 정하여 영어로 바꾸면, 다음과 같이 어색한 문장이 된다.

× Tuesday eats instant noodles. (화요일은 라면을 먹는다.)

다음 문장을 통해 주어로 정한 우리말의 '화요일은'은 주어나, 목적어가 아님을 알 수 있다.

◎ I eat instant noodles on Tuesdays. (나는 보통 화요일은 라면을 먹는다.)

PATTERN 12

I used to ~

나 예전에는 ~했었어

'나 예전에는 ~했었어'라고 현재는 하지 않는 과거의 반복적인 행동이나 습관, 과거의 지속된 상태에 대해 말할 때 쓰는 패턴이다. '나는 예전에 ~했지만 지금은 그렇지 않다'라는 의미를 포함하고 있다. used to는 조동사이므로 뒤에는 항상 동사의 원형을 쓴다.

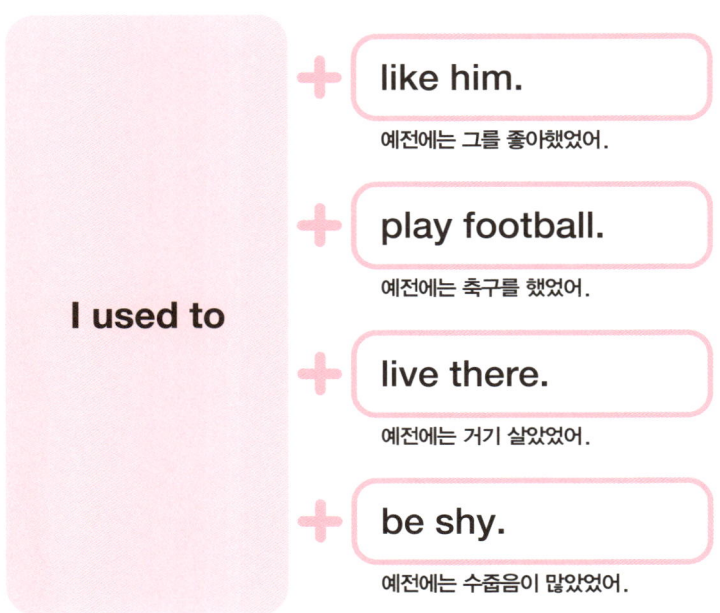

I used to + like him.
예전에는 그를 좋아했었어.

I used to + play football.
예전에는 축구를 했었어.

I used to + live there.
예전에는 거기 살았었어.

I used to + be shy.
예전에는 수줍음이 많았었어.

PATTERN 12 I used to ~

상황별로 사용할 수 있는 표현

연애

나는 예전에 데이트 신청을 받았었어.
I used to get asked out.

나는 예전에 엉뚱한 남자들에게 반했었어.
I used to fall for the wrong guys.

일

나는 예전에 게으름을 피웠었어.
I used to slack off.

> slack off는 '게으름을 피우다'라는 뜻이다.

나는 예전에 그것을 원칙대로 했었어.
I used to do it by the book.

여가

나는 예전에 밴드 공연을 봤었어.
I used to see bands.

나는 예전에 클럽에 갔었어.
I used to go clubbing.

부정으로 바꿔 보자

I used to ~의 부정형은 I didn't use to ~로, '나는 예전에 ~하지 않았어(하지만 지금은 달라)'라는 뜻이다. 이때 didn't 대신 never를 써서 I never used to로 말할 수 있다.

일

나는 예전에 목표를 달성하지 못했어.
I didn't use to hit my target.

나는 예전에 (일을) 망치지 않았어.
I didn't use to screw up.

연애

나는 예전에 사랑에 빠지지 않았어.
I didn't use to fall in love.

나는 예전에 헌팅당하지 않았어.
I didn't use to get picked up.

가사

나는 예전에 저녁 식사를 준비하지 않았어.
I didn't use to make dinner.

나는 예전에 요를 널지 않았어.
I didn't use to air the futon.

동사의 -ing 형

을 사용하는 패턴

다음 패턴은 바로 뒤에 동사를 이어 쓰는데, 이때 동사는 '동사의 -ing' 형태로 쓴다. 동사의 -ing형 앞에 him / her / them 등을 넣거나 not을 넣어 응용할 수 있다.

PATTERN 13	I've been -ing
PATTERN 14	Thank you for -ing
PATTERN 15	I'm thinking about -ing
PATTERN 16	What's it like -ing ~?
PATTERN 17	I miss -ing
PATTERN 18	I'm looking forward to -ing
PATTERN 19	I can't imagine -ing
PATTERN 20	I like -ing
PATTERN 21	I don't mind -ing
PATTERN 22	I can't stand -ing
PATTERN 23	I'm used to -ing
PATTERN 24	I'm sick of -ing
PATTERN 25	What happened to -ing ~?
PATTERN 26	What do you think about -ing ~?

PATTERN 13

I've been -ing

나 요즘 (자주) ~하고 있어

'나 요즘 ~하고 있어'라고 과거에 시작해서 현재까지 지속되어 오거나 현재도 진행 중인 일에 대해 말할 때 쓰는 패턴이다. recently(요즘), often(자주) 등을 쓰지 않아도 요즘 자주 하는 일이나 여러 번 반복적으로 일어나는 일에 대해 말할 수 있다.

I've been

+ **practicing.**
요즘 연습하고 있어.

+ **exercising.**
요즘 운동하고 있어.

+ **seeing someone.**
요즘 누군가를 만나고 있어.

+ **thinking about her.**
요즘 그녀를 생각하고 있어.

PATTERN 13 I've been -ing

상황별로 사용할 수 있는 패턴

일상

나는 요즘 일찍 자고 있어.
I've been going to bed early.

나는 요즘 집에 있어.
I've been staying home.

일

나는 요즘 계약을 많이 따내고 있어.
I've been getting lots of contracts.

나는 요즘 (일을) 망치고 있어.
I've been screwing up.

여가

나는 요즘 술 마시러 다니고 있어.
I've been going drinking.

나는 요즘 외식하고 있어.
I've been eating out.

응용 주어를 바꿔 보자

I've를 You've / We've / They've / He's / She's / It's로 바꿔 말해 보자. 've는 have의, 's는 has의 줄임말이다.

일상

그녀가 요즘 자주 전화하고 있어.
She's been calling.

요즘 비가 많이 내려.
It's been raining.

야외 활동

그들은 요즘 스노보드를 자주 타러 가고 있어.
They've been going snowboarding.

우리는 요즘 낚시하러 가고 있어.
We've been going fishing.

연애

그녀는 요즘 밀당하고 있어.
She's been playing games.

그는 요즘 내게 추근거리고 있어.
He's been hitting on me.

PATTERN 13 I've been -ing

 부정으로 바꿔 보자

I've been -ing의 부정형은 have 뒤에 not을 붙인 I have not(haven't) been -ing이다. 주어에 따라 haven't(hasn't) been -ing를 써서 더 많은 표현을 말해 보자.

건강

우리는 요즘 운동을 안 하고 있어.
We haven't been exercising.

나는 요즘 치과에 안 가고 있어.
I haven't been going to the dentist.

일상

요즘 비가 안 와.
It hasn't been raining.

그는 요즘 안 오고 있어.
He hasn't been coming.

가사

나는 요즘 정원을 안 가꾸고 있어.
I haven't been doing the gardening.

그녀는 요즘 개를 산책시키지 않고 있어.
She hasn't been walking the dog.

PATTERN 14

Thank you for -ing

~해 줘서 고마워

'~해 줘서 고마워'라고 상대방이 자신에게 베푼 일에 대해 고맙다고 말할 때 쓰는 패턴이다. Thank you for 뒤에는 고맙게 여기는 이유를 나타내는 명사나 동사의 -ing 형태를 쓴다. 좀 더 가볍게 고맙다는 인사를 할 때는 Thanks.를 쓴다.

Thank you for

+ **dinner.**
저녁 잘 먹었어.

+ **your time.**
시간 내 줘서 고마워.

+ **coming.**
와 줘서 고마워.

+ **being kind.**
친절하게 대해 줘서 고마워.
be kind는 '친절하게 대하다'라는 뜻이다.

상황별로 사용할 수 있는 표현

가사

집을 청소해 줘서 고마워.
Thank you for cleaning the house.

빨래를 개 줘서 고마워.
Thank you for folding the laundry.

여가

나를 집으로 초대해 줘서 고마워.
Thank you for having me over.

내게 관광 명소를 안내해 줘서 고마워.
Thank you for taking me sightseeing.

take someone sightseeing은 '~에게 관광 명소를 안내하다'라는 뜻이다. (196쪽 참고)

일상

사과해 줘서 고마워.
Thank you for saying sorry.

늦게까지 깨어 있어 줘서 고마워.
Thank you for staying up.

PATTERN 15

I'm thinking about -ing

나 ~할까 생각 중이야

'나 ~할까 생각 중이야'라고 아직 결정하지 않은 상태에서 현재 어떤 일을 실행에 옮길 예정이거나 생각하고 있는 것에 대해 말할 때 쓰는 패턴이다. I'm thinking about 뒤에는 명사 또는 앞으로 하려고 생각하는 일을 나타내는 동사의 -ing 형태를 쓴다.

I'm thinking about

+ the weekend.
주말에 대해 생각하고 있어.

+ eating out.
외식할까 생각 중이야.

+ inviting Dave.
데이브를 초대할까 생각 중이야.

+ breaking up with him.
그와 헤어질까 생각 중이야.

PATTERN 15 I'm thinking about -ing

상황별로 사용할 수 있는 표현

일상

나는 음식을 배달시킬까 생각 중이야.
I'm thinking about ordering in.

나는 머리를 자를까 생각 중이야.
I'm thinking about getting a haircut.

일

나는 이직할까 생각 중이야.
I'm thinking about changing jobs.

나는 아파서 출근 못한다고 전화할까 생각 중이야.
I'm thinking about calling in sick.

여가

나는 파티를 할까 생각 중이야.
I'm thinking about having a party.

나는 쇼핑하러 갈까 생각 중이야.
I'm thinking about going shopping.

PATTERN 16

What's it like -ing ~?

~하는 것은 어때?

'~하는 것은 어때?'라고 상대방이 겪은 경험에 대해 그 생각과 느낌을 알고 싶을 때 쓰는 패턴이다. What's it like 뒤에는 알고 싶은 일을 나타내는 동사의 -ing 형태를 쓴다.

What's it like

+ **living alone?**
혼자 사는 것은 어때?

+ **being a father?**
아빠가 되는 것은 어때?

+ **studying abroad?**
유학하는 것은 어때?

+ **running your own business?**
자영업을 하는 것은 어때?
run someone's own business는 '자영업을 하다'라는 뜻이다.

상황별로 사용할 수 있는 표현

피해

강도를 당하는 것은 어떤 기분이니?
What's it like getting mugged?

사기를 당하는 것은 어떤 느낌이니?
What's it like getting conned?

연애

데이브와 사귀는 것은 어때?
What's it like going out with Dave?

다시 혼자가 되는 것은 어떤 느낌이니?
What's it like being single again?

be single은 '독신이다'라는 뜻이다.

일

거기서 일하는 것은 어때?
What's it like working there?

독립하는 것은 어떤 느낌이니?
What's it like going out on your own?

PATTERN 17

I miss -ing

나 ~하던 게 그리워

자신이 그리워하는 대상이나 과거의 일에 대해 말할 때 쓰는 패턴이다. miss는 '그리워하다'라는 뜻으로, I miss 뒤에는 명사 또는 동사의 -ing 형태를 쓴다.

I miss + **Japan.**
일본이 그리워.

+ **high school.**
고등학교 시절이 그리워.

+ **liv**ing **alone.**
혼자 살던 게 그리워.

+ **be**ing **young.**
젊었을 때가 그리워.

PATTERN 17 I miss -ing

상황별로 사용할 수 있는 표현

일상

나는 늦잠을 잤던 게 그리워.
I miss sleeping in.

나는 돈을 쓰던 게 그리워.
I miss spending money.

연애

나는 혼자였던 게 그리워.
I miss being single.
(87쪽 참고)

나는 데이트 신청을 받던 게 그리워.
I miss getting asked out.

여가

나는 외식을 하던 게 그리워.
I miss eating out.

나는 클럽에 가던 게 그리워.
I miss going clubbing.

'난 ~가 …하던 게 그리워'라고 말해 보자

동사의 -ing형 앞에 him / her / them 등을 넣어 '난 ~가 …하던 게 그리워'라고 다른 사람의 행동이 그립다고 말해 보자.

연애

나는 그들이 사귀던 게 그리워.
I miss them going out.

나는 그녀가 내게 다정했던 게 그리워.
I miss her being nice to me.
be nice to someone은 '~에게 다정하다'라는 뜻이다.

가사

나는 엄마가 저녁 식사를 준비해 주시던 게 그리워.
I miss my mom making me dinner.

나는 그가 집안일을 하던 게 그리워.
I miss him doing the housework.

일

나는 그들이 내게 푸짐하게 대접해 주던 게 그리워.
I miss them wining and dining me.

나는 우리가 목표를 달성하던 게 그리워.
I miss us hitting our target.

PATTERN 17 I miss -ing

 '난 ~하지 않던 게 그리워'라고 말해 보자

I miss 뒤에 오는 동사의 -ing형 바로 앞에 not을 써서 '난 ~하지 않던 게 그리워'라고 말해 보자.

일

나는 초과 근무를 하지 않던 게 그리워.
I miss not doing overtime.

나는 그가 초과 근무를 하지 않던 게 그리워.
I miss him not doing overtime.

연애

나는 다투지 않던 게 그리워.
I miss not having a fight.

나는 그녀가 밀당하지 않던 게 그리워.
I miss her not playing games.

일상

나는 일찍 일어나지 않던 게 그리워.
I miss not getting up early.

나는 네가 거절하지 않던 게 그리워.
I miss you not saying no.

PATTERN 18

I'm looking forward to -ing

나 ~하기를 기대하고 있어 · 나 ~하는 것이 기대돼

'나 ~하기를 기대하고 있어'라고 앞으로 다가올 일에 대한 긍정적인 기대나 바람을 말할 때 쓰는 패턴이다. look forward to는 '~를 기다리다', '~를 고대하다'라는 뜻으로, 이때 to 뒤에는 명사 또는 동사의 -ing 형태를 쓴다.

I'm looking forward to

+ the party.
파티가 기대돼.

+ the weekend.
주말이 기대돼.

+ see**ing** you.
너를 만나는 것을 기대하고 있어.

+ go**ing** home.
집에 가는 것이 기대돼.

PATTERN 18 I'm looking forward to -ing

상황별로 사용할 수 있는 표현

일상

나는 목욕하는 것이 기대돼.
I'm looking forward to taking a bath.

나는 늦잠 자기를 기대하고 있어.
I'm looking forward to sleeping in.

일

나는 이직하기를 기대하고 있어.
I'm looking forward to changing jobs.

나는 이익을 낼 수 있기를 기대하고 있어.
I'm looking forward to turning a profit.

야외 활동

나는 스카이다이빙 하러 가는 것이 기대돼.
I'm looking forward to going skydiving.

나는 서핑 하러 가는 것이 기대돼.
I'm looking forward to going surfing.

'난 ~가 …하는 것이 기대돼'라고 말해 보자

동사의 -ing형 앞에 him / her / them 등을 넣어 '난 ~가 …하는 것이 기대돼'라고 다른 사람의 행동이 기대된다고 말해 보자.

일

나는 그녀가 여기서 일하는 것이 기대돼.
I'm looking forward to her working here.

나는 그가 전근 가는 것이 기대돼.
I'm looking forward to him getting transferred.

연애

나는 그들이 결혼하는 것이 기대돼.
I'm looking forward to them getting married.

나는 우리가 화해하기를 기대하고 있어.
I'm looking forward to us making up.

가사

나는 그녀가 저녁 식사를 준비하는 것이 기대돼.
I'm looking forward to her making dinner.

나는 그가 집을 청소하는 것이 기대돼.
I'm looking forward to him cleaning the house.

PATTERN 18 I'm looking forward to -ing

 '난 ~하지 않기를 기대해'라고 말해 보자

I'm looking forward to 뒤에 오는 동사의 -ing형 바로 앞에 not을 써서 '난 ~하지 않기를 기대해'라고 말해 보자.

일

나는 그것을 원칙대로 하지 않기를 기대해.
I'm looking forward to not doing it by the book.

나는 그가 (일을) 대충하지 않기를 기대해.
I'm looking forward to him not cutting corners.

일상

나는 일찍 일어나지 않기를 기대해.
I'm looking forward to not getting up early.

나는 그녀가 바쁘지 않기를 기대해.
I'm looking forward to her not being busy.

연애

나는 (더 이상) 추파 받지 않기를 기대해.
I'm looking forward to not getting hit on.

나는 (더 이상) 어장 관리 당하지 않기를 기대해.
I'm looking forward to not getting led on.

PATTERN 19

I can't imagine -ing

나 ~하는 것을 상상할 수 없어

'나 ~하는 것을 상상할 수 없어'라고 자신이 어떤 일을 하는 것을 상상이나 짐작할 수 없다고 말할 때 쓰는 패턴이다. I can't imagine 뒤에는 명사 또는 동사의 -ing 형태를 쓴다.

I can't imagine

+ **that.**
그것을 상상할 수 없어.

+ **living in New York.**
뉴욕에 사는 것을 상상할 수 없어.

+ **saying that.**
그것을 말하는 것을 상상할 수 없어.

+ **being famous.**
유명해지는 것을 상상할 수 없어.

PATTERN 19　I can't imagine -ing

상황별로 사용할 수 있는 표현

일상

나는 복권에 당첨되는 것을 상상할 수 없어.
I can't imagine winning the lottery.

나는 엄마가 되는 것을 상상할 수 없어.
I can't imagine being a mother.

연애

나는 사랑이 식는 것을 상상할 수 없어.
I can't imagine falling out of love.

나는 너와 헤어지는 것을 상상할 수 없어.
I can't imagine breaking up with you.

일

나는 직장을 그만두는 것을 상상할 수 없어.
I can't imagine quitting.

나는 장부를 조작하는 것을 상상할 수 없어.
I can't imagine cooking the books.

'난 ~가 …하는 것을 상상할 수 없어'라고 말해 보자

동사의 -ing형 앞에 him / her / them 등을 넣어 '난 ~가 …하는 것을 상상할 수 없어'라고 다른 사람이 어떤 행동을 하는 것을 상상할 수 없다고 말해 보자.

연애

나는 그들이 헤어지는 것을 상상할 수 없어.
I can't imagine them breaking up.

나는 그녀가 바람 피우는 것을 상상할 수 없어.
I can't imagine her cheating.

가사

나는 그가 저녁 식사 준비하는 것을 상상할 수 없어.
I can't imagine him making dinner.

나는 그들이 집 청소하는 것을 상상할 수 없어.
I can't imagine them cleaning the house.

일

나는 네가 독립하는 것을 상상할 수 없어.
I can't imagine you going out on your own.

나는 그가 해고되는 것을 상상할 수 없어.
I can't imagine him getting fired.

PATTERN 19 **I can't imagine -ing**

'난 ~하지 않는 것을 상상할 수 없어'라고 말해 보자

I can't imagine 뒤에 오는 동사의 -ing형 바로 앞에 not을 써서 '난 ~하지 않는 것을 상상할 수 없어'라고 말해 보자.

연애

나는 여자친구가 없는 것을 상상할 수 없어.
I can't imagine not having a girlfriend.

나는 그녀가 부자와 결혼하지 않는 것을 상상할 수 없어.
I can't imagine her not marrying into money.

여가

나는 골프 치지 않는 것을 상상할 수 없어.
I can't imagine not playing golf.

나는 그들이 술 마시러 가지 않는 것을 상상할 수 없어.
I can't imagine them not going drinking.

가사

나는 요를 널지 않는 것을 상상할 수 없어.
I can't imagine not airing the futon.

나는 그들이 개에게 먹이 주지 않는 것을 상상할 수 없어.
I can't imagine them not feeding the dog.

PATTERN 20

I like -ing

나 ~하는 것을 좋아해

'나 ~하는 것을 좋아해'라고 자신이 어떤 일을 하는 것을 좋아한다고 말할 때 쓰는 패턴이다. I like 뒤에는 자신의 취미나 즐겨 하는 일을 나타내는 명사 또는 동사의 -ing 형태를 쓴다.

I like

+ **dogs.**
개를 좋아해.

+ **sci-fi.**
공상 과학 소설을 좋아해.
(sci-fi는 science fiction의 줄임말이다.)

+ **cooking.**
요리하는 것을 좋아해.

+ **meeting new people.**
새로운 사람들을 만나는 것을 좋아해.

PATTERN 20 **I like -ing**

상황별로 사용할 수 있는 표현

야외 활동

나는 캠핑하러 가는 것을 좋아해.
I like going camping.

나는 스쿠버 다이빙 하러 가는 것을 좋아해.
I like going scuba-diving.

가사

나는 집을 환기시키는 것을 좋아해.
I like airing out the house.

나는 집을 청소하는 것을 좋아해.
I like cleaning the house.

건강

나는 운동하는 것을 좋아해.
I like working out.

나는 요가 하는 것을 좋아해.
I like doing yoga.

응용 '난 ~가 …하는 것을 좋아해'라고 말해 보자

동사의 -ing형 앞에 him / her / them 등을 넣어 '난 ~가 …하는 것을 좋아해'라고 다른 사람이 어떤 행동을 하는 것을 좋아한다고 말해 보자.

일상

나는 그녀가 집에 일찍 오는 것을 좋아해.
I like her coming home early.

나는 그가 집에 있는 것을 좋아해.
I like him staying home.

연애

나는 남자들이 내게 데이트 신청하는 것을 좋아해.
I like guys asking me out.

나는 여자들이 튕기는 것을 좋아해.
I like girls playing hard to get.

일

나는 그들이 내게 푸짐하게 대접해 주는 것을 좋아해.
I like them wining and dining me.

나는 그가 그것을 원칙대로 하는 것을 좋아해.
I like him doing it by the book.

PATTERN 20 I like -ing

 '난 ~하지 않는 것을 좋아해'라고 말해 보자

I like 뒤에 오는 동사의 -ing형 바로 앞에 not을 써서 '난 ~하지 않는 것을 좋아해'라고 말해 보자.

연애

나는 남자친구가 없는 것을 좋아해.
I like not having a boyfriend.

나는 그녀가 밀당하지 않는 것을 좋아해.
I like her not playing games.

일상

나는 돈을 쓰지 않는 것을 좋아해.
I like not spending money.

나는 일찍 일어나지 않는 것을 좋아해.
I like not getting up early.

일

나는 그것을 원칙대로 하지 않는 것을 좋아해.
I like not doing it by the book.

나는 그가 초과 근무 하지 않는 것을 좋아해.
I like him not doing overtime.

PATTERN 21

I don't mind -ing

나 ~하는 것은 상관없어

'나 ~하는 것은 상관없어'라고 자신이 어떤 일에 대해 신경 쓰지 않는다고 상대방에게 말할 때 쓰는 표현이다. mind는 '신경 쓰다', '상관하다'라는 뜻으로, don't와 함께 쓰여 '괜찮다', '상관없다'라는 뜻이 된다. I don't mind 뒤에는 자신이 신경 쓰이지 않는, 괜찮은 일을 나타내는 명사 또는 동사의 -ing 형태를 쓴다.

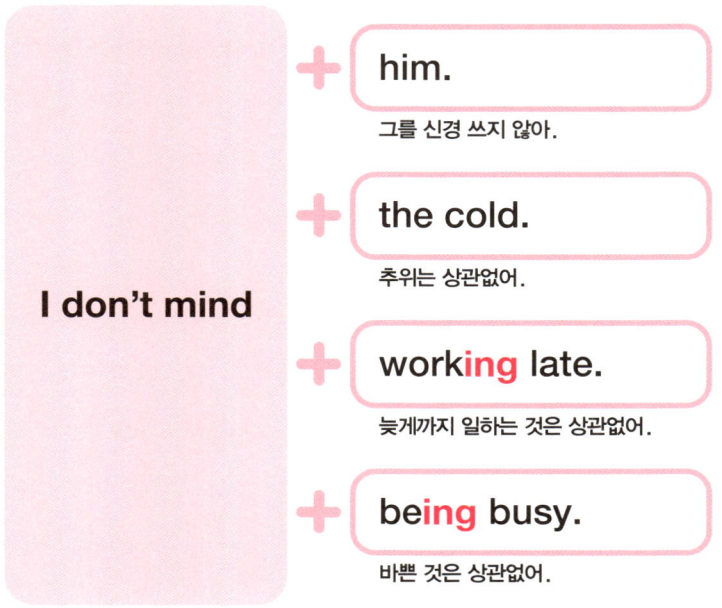

I don't mind

+ **him.**
그를 신경 쓰지 않아.

+ **the cold.**
추위는 상관없어.

+ **working late.**
늦게까지 일하는 것은 상관없어.

+ **being busy.**
바쁜 것은 상관없어.

PATTERN 21 I don't mind -ing

상황별로 사용할 수 있는 표현

일

나는 전근 가는 것은 상관없어.
I don't mind getting transferred.

나는 그것을 뒤로 미루는 것은 상관없어.
I don't mind moving it back.

가사

나는 다림질하는 것은 상관없어.
I don't mind doing the ironing.

나는 저녁 식사를 준비하는 것은 상관없어.
I don't mind making dinner.

연애

나는 차이는 것은 상관없어.
I don't mind getting dumped.

나는 혼자가 되는 것은 상관없어.
I don't mind being single.
(87쪽 참고)

'난 ~가 …하는 것은 상관없어'라고 말해 보자

동사의 -ing형 앞에 him / her / them 등을 넣어 '난 ~가 …하는 것은 상관없어'라고 다른 사람이 어떤 행동을 해도 상관없다고 말해 보자.

여가

나는 그가 오는 것은 상관없어.
I don't mind him coming.

나는 그녀가 클럽에 가는 것은 상관없어.
I don't mind her going clubbing.

연애

나는 그녀가 내게 추근거리는 것은 상관없어.
I don't mind her hitting on me.

나는 그들이 결혼을 해도 상관없어.
I don't mind them getting married.

일상

나는 그녀가 돈을 인출해도 상관없어.
I don't mind her getting money out.

나는 그들이 늦어도 상관없어.
I don't mind them being late.

PATTERN 21 I don't mind -ing

'난 ~하지 않는 것은 상관없어'라고 말해 보자

I don't mind 뒤에 오는 동사의 -ing형 바로 앞에 not을 써서 '난 ~하지 않는 것은 상관없어'라고 말해 보자.

일상

나는 목욕하지 않는 것은 상관없어.
I don't mind not taking a bath.

나는 그녀가 집에 가지 않는 것은 상관없어.
I don't mind her not going home.

가사

나는 요를 널지 않아도 상관없어.
I don't mind not airing the futon.

나는 그가 집안일을 하지 않아도 상관없어.
I don't mind him not doing the housework.

일

나는 초과 근무 수당을 받지 못해도 상관없어.
I don't mind not getting paid overtime.

나는 그들이 마감일을 지키지 못해도 상관없어.
I don't mind them not meeting the deadline.

PATTERN 22

I can't stand -ing

나 ~하는 것을 참을 수 없어

'나 ~하는 것을 참을 수 없어'라고 자신이 참거나 견디기 어려운 일이나 행동, 상황 또는 사람 등을 말할 때 쓰는 패턴이다. stand는 '참다', '견디다'라는 뜻으로, I can't stand 뒤에는 명사 또는 동사의 -ing 형태를 쓴다.

I can't stand

➕ **it anymore.**
더 이상 그것을 참을 수 없어.

➕ **crowded trains.**
붐비는 열차를 참을 수 없어.

➕ **gett<u>ing</u> in trouble.**
혼나는 것을 참을 수 없어.

➕ **be<u>ing</u> stressed.**
스트레스 받는 것을 참을 수 없어.

상황별로 사용할 수 있는 표현

연애

나는 어장 관리 당하는 것을 참을 수 없어.
I can't stand getting led on.

나는 바람 피우는 것을 참을 수 없어.
I can't stand getting cheated on.

건강

나는 살 찌는 것을 참을 수 없어.
I can't stand gaining weight.

나는 치과에 가는 것을 참을 수 없어.
I can't stand going to the dentist.

피해

나는 치한에게 당하는 것을 참을 수 없어.
I can't stand getting groped.

나는 소매치기 당하는 것을 참을 수 없어.
I can't stand getting pickpocketed.

'난 ~가 …하는 것을 참을 수 없어'라고 말해 보자

동사의 -ing형 앞에 him / her / them 등을 넣어 '난 ~가 …하는 것을 참을 수 없어'라고 다른 사람이 어떤 행동을 하는 것을 참을 수 없다고 말해 보자.

일상

나는 그가 코 고는 것을 참을 수 없어.
I can't stand him snoring.

나는 사람들이 새치기하는 것을 참을 수 없어.
I can't stand people cutting in line.

cut in line은 '새치기하다'라는 뜻이다.

일

나는 그녀가 (일을) 대충하는 것을 참을 수 없어.
I can't stand her cutting corners.

나는 상사가 게으름 피우는 것을 참을 수 없어.
I can't stand my boss slacking off.

(75쪽 참고)

연애

나는 여자들이 나를 어장 관리 하는 것을 참을 수 없어.
I can't stand girls leading me on.

나는 남자들이 내게 추근거리는 것을 참을 수 없어.
I can't stand guys hitting on me.

PATTERN 22 I can't stand -ing

 '난 ~하지 않는 것을 참을 수 없어'라고 말해 보자

I can't stand 뒤에 오는 동사의 -ing형 바로 앞에 not을 써서 '난 ~하지 않는 것을 참을 수 없어'라고 말해 보자.

가사

나는 집을 환기시키지 않는 것을 참을 수 없어.
I can't stand not airing out the house.

나는 그녀가 집안일을 하지 않는 것을 참을 수 없어.
I can't stand her not doing the housework.

일상

나는 사람들이 고맙다고 말하지 않는 것을 참을 수 없어.
I can't stand people not saying thank you.

나는 모르는 것을 참을 수 없어.
I can't stand not knowing.

연애

나는 화해하지 않는 것을 참을 수 없어.
I can't stand not making up.

나는 그가 내게 전화하지 않는 것을 참을 수 없어.
I can't stand him not calling me.

PATTERN 23

I'm used to -ing

나 ~하는 것에 익숙해

'나 ~하는 것에 익숙해'라고 자신이 어떤 일이나 행동이 익숙하다고 말할 때 쓰는 패턴이다. be used to는 '~에 익숙하다'라는 뜻으로, I'm used to 뒤에는 명사 또는 동사의 -ing 형태를 쓴다. '나 예전에는 ~했었어'라는 뜻의 I used to 패턴과 혼동하지 않도록 한다.

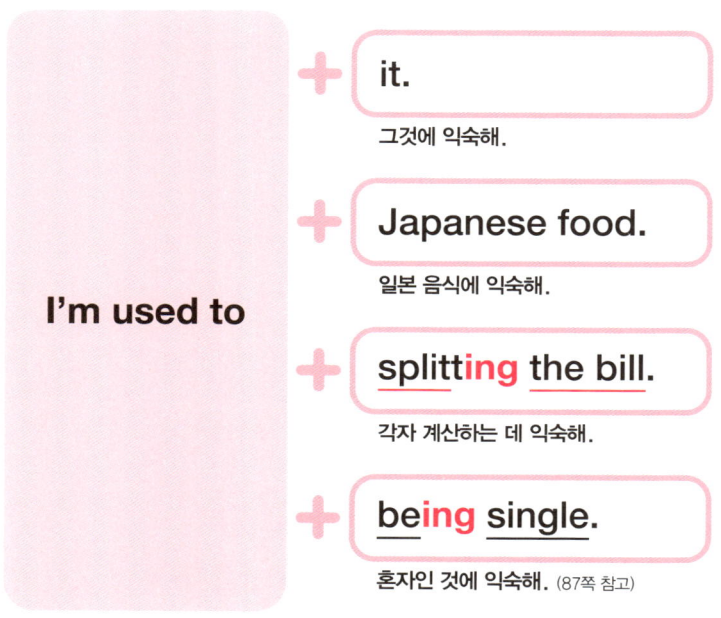

I'm used to

+ it.
그것에 익숙해.

+ Japanese food.
일본 음식에 익숙해.

+ splitt**ing** the bill.
각자 계산하는 데 익숙해.

+ be**ing** single.
혼자인 것에 익숙해. (87쪽 참고)

PATTERN 23 I'm used to -ing

상황별로 사용할 수 있는 표현

일

나는 혼나는 데 익숙해.
I'm used to getting in trouble.

나는 그것을 원칙대로 하는 데 익숙해.
I'm used to doing it by the book.

연애

나는 어장 관리를 당하는 데 익숙해.
I'm used to getting led on.

나는 차이는 데 익숙해.
I'm used to getting dumped.

일상

나는 일찍 일어나는 것에 익숙해.
I'm used to getting up early.

나는 늦게 자는 것에 익숙해.
I'm used to going to bed late.

'난 ~가 …하는 것에 익숙해'라고 말해 보자

동사의 -ing형 앞에 him / her / them 등을 넣어 '난 ~가 …하는 것에 익숙해'라고 다른 사람이 어떤 행동을 하는 게 익숙하다고 말해 보자.

일

나는 그가 초과 근무를 하는 것에 익숙해.
I'm used to him doing overtime.

나는 그들이 경비를 절감하는 것에 익숙해.
I'm used to them cutting costs.

연애

나는 남자들이 내게 반하는 것에 익숙해.
I'm used to guys falling for me.

나는 그녀가 헌팅당하는 것에 익숙해.
I'm used to her getting picked up.

여가

나는 그가 내게 저녁을 사 주는 것에 익숙해.
I'm used to him buying me dinner.

나는 상사가 우리를 데리고 나가는 것에 익숙해.
I'm used to my boss taking us out.

PATTERN 23 I'm used to -ing

 '난 ~하지 않는 것에 익숙해'라고 말해 보자

I'm used to 뒤에 오는 동사의 -ing형 바로 앞에 not을 써서 '난 ~하지 않는 것에 익숙해'라고 말해 보자.

일

나는 승진하지 못하는 데 익숙해.
I'm used to not getting promoted.

나는 그들이 목표를 달성하지 못하는 데 익숙해.
I'm used to them not hitting their target.

일상

나는 텔레비전을 보지 않는 것에 익숙해.
I'm used to not watching TV.

나는 그녀가 사과하지 않는 것에 익숙해.
I'm used to her not saying sorry.

여가

나는 외출하지 않는 것에 익숙해.
I'm used to not going out.

나는 택시를 타지 않는 것에 익숙해.
I'm used to not getting a taxi.

115

PATTERN 24

I'm sick of -ing

나 ~하는 게 지겨워

'나 ~하는 게 지겨워'라고 자신이 지겹고 질려버린 어떤 것이나 일에 대해 불만을 말할 때 또는 싫증이 났을 때 쓰는 패턴이다. I'm sick of 뒤에는 명사 또는 동사의 -ing 형태를 쓴다. 비슷한 의미의 패턴으로 I'm tired of가 있다.

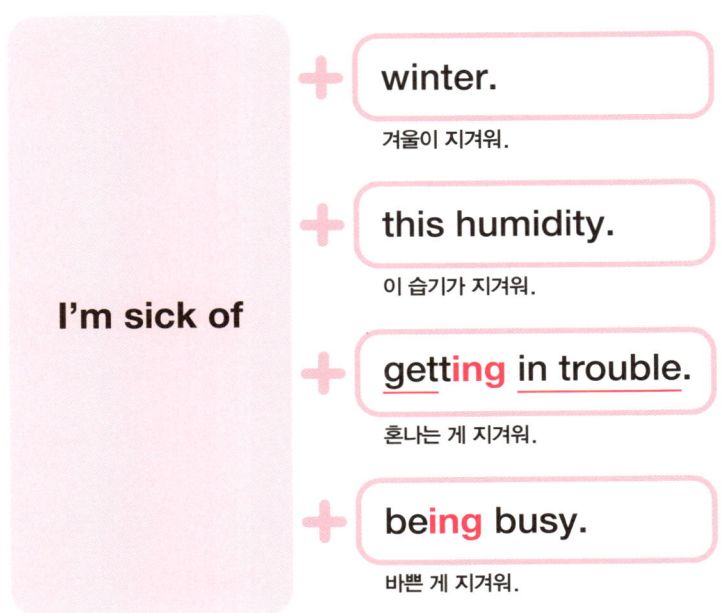

I'm sick of

+ winter.
겨울이 지겨워.

+ this humidity.
이 습기가 지겨워.

+ gett**ing** in trouble.
혼나는 게 지겨워.

+ be**ing** busy.
바쁜 게 지겨워.

상황별로 사용할 수 있는 표현

연애

나는 다투는 게 지겨워.
I'm sick of having a fight.

나는 차이는 게 지겨워.
I'm sick of getting dumped.

가사

나는 집안일을 하는 게 지겨워.
I'm sick of doing the housework.

나는 빨래를 개는 게 지겨워.
I'm sick of folding the laundry.

건강

나는 병원에 가는 게 지겨워.
I'm sick of seeing a doctor.

나는 살 찌는 게 지겨워.
I'm sick of gaining weight.

'난 ~가 …하는 게 지겨워'라고 말해 보자

동사의 -ing형 앞에 him / her / them / it 등을 넣어 '난 ~가 …하는 게 지겨워'라고 다른 사람이 어떤 행동을 하는 게 또는 어떤 상황이 지겹다고 말해 보자.

일상

나는 매일 비 내리는 게 지겨워.
I'm sick of it raining every day.

나는 그가 거짓말하는 게 지겨워.
I'm sick of him lying.

연애

나는 그녀가 밀당하는 게 지겨워.
I'm sick of her playing games.

나는 그들이 다투는 게 지겨워.
I'm sick of them having a fight.

일

나는 그가 아파서 출근 못한다고 전화하는 게 지겨워.
I'm sick of him calling in sick.

나는 그녀가 휴가를 내는 게 지겨워.
I'm sick of her taking time off.

PATTERN 24 I'm sick of -ing

'난 ~하지 않는 게 지겨워'라고 말해 보자

I'm sick of 뒤에 오는 동사의 -ing형 바로 앞에 not을 써서 '난 ~하지 않는 게 지겨워'라고 말해 보자.

일

나는 취업이 안 되는 게 지겨워.
I'm sick of not getting a job.

나는 그녀가 계약을 따내지 못하는 게 지겨워.
I'm sick of her not getting a contract.

여가

나는 외식을 하지 않는 게 지겨워.
I'm sick of not eating out.

나는 그가 내게 저녁을 사 주지 않는 게 지겨워.
I'm sick of him not buying me dinner.

가사

나는 그가 집을 청소하지 않는 게 지겨워.
I'm sick of him not cleaning the house.

나는 그녀가 정원에 물을 주지 않는 게 지겨워.
I'm sick of her not watering the garden.

PATTERN 25

What happened to -ing ~?

~한다는 것은 어떻게 됐어?

'~한다는 것은 어떻게 됐어?'라고 상대방에게 어떤 일에 대한 결과나 진행 상황을 물어볼 때 쓰는 패턴이다. What happened to 뒤에는 명사 또는 동사의 -ing 형태를 쓴다.

What happened to

+ **my bag?**
내 가방은 어떻게 됐어?

+ **the meeting?**
회의는 어떻게 됐어?

+ **gett*ing* in shape?**
몸매를 가꾼다는 것은 어떻게 됐어?
get in shape는 '몸매를 가꾸다'라는 뜻이다.

+ **be*ing* careful?**
조심한다는 것은 어떻게 됐어?

상황별로 사용할 수 있는 표현

여가

공원에 간다는 것은 어떻게 됐어?
What happened to going to the park?

데이브를 집으로 초대한다는 것은 어떻게 됐어?
What happened to having Dave over?

가사

쓰레기를 내다 버린다는 것은 어떻게 됐어?
What happened to taking out the trash?

장을 본다는 것은 어떻게 됐어?
What happened to doing the shopping?

일

이직한다는 것은 어떻게 됐어?
What happened to changing jobs?

경비를 절감한다는 것은 어떻게 됐어?
What happened to cutting costs?

'~가 …한다는 것은 어떻게 됐어?'라고 말해 보자

동사의 -ing형 앞에 him / her / them 등을 넣어 '~가 …한다는 것은 어떻게 됐어?'라고 자신 이외의 사람에게 일어난 일의 결과나 진행 상황에 대해 말해 보자.

연애

그들이 결혼한다는 것은 어떻게 됐어?
What happened to them getting married?

네가 헤어진다는 것은 어떻게 됐어?
What happened to you breaking up?

여가

우리 바닷가에 간다는 것은 어떻게 됐어?
What happened to us going to the beach?

네가 내게 저녁 사 준다는 것은 어떻게 됐어?
What happened to you buying me dinner?

일

그들이 우리에게 푸짐하게 대접해 준다는 것은 어떻게 됐어?
What happened to them wining and dining us?

네가 독립한다는 것은 어떻게 됐어?
What happened to you going out on your own?

PATTERN 25 What happened to -ing ~?

'~ 안 한다는 것은 어떻게 됐어?'라고 말해 보자

What happened to 뒤에 오는 동사의 -ing형 바로 앞에 not을 써서 '~ 안 한다는 것은 어떻게 됐어?'라고 말해 보자.

일상

돈을 안 쓴다는 것은 어떻게 됐어?
What happened to not spending money?

늦잠을 안 잔다는 것은 어떻게 됐어?
What happened to not sleeping in?

연애

그에게 여자친구가 없는 것은 어떻게 됐어?
What happened to him not having a girlfriend?

바람을 안 피운다는 것은 어떻게 됐어?
What happened to not cheating?

일

게으름을 안 피운다는 것은 어떻게 됐어?
What happened to not slacking off?
(75쪽 참고)

초과 근무를 안 한다는 것은 어떻게 됐어?
What happened to not doing overtime?

PATTERN 26

What do you think about -ing ~?

너 ~하는 것에 대해 어떻게 생각해?

'너 ~하는 것에 대해 어떻게 생각해?'라고 상대방에게 특정 대상이나 일에 대한 의견을 물어볼 때 쓰는 패턴이다. What do you think about 뒤에는 상대방의 의견이 궁금한 내용을 명사 또는 동사의 -ing 형태로 쓴다.

What do you think about

+ **his idea?**
그의 아이디어에 대해 어떻게 생각해?

+ **the new office?**
새 사무실에 대해 어떻게 생각해?

+ **hav<u>ing</u> a party?**
파티를 하는 것에 대해 어떻게 생각해?

+ **start<u>ing</u> over?**
다시 시작하는 것에 대해 어떻게 생각해?
start over는 '(처음부터) 다시 시작하다'라는 뜻이다.

PATTERN 26 What do you think about -ing ~?

상황별로 사용할 수 있는 표현

여가

너는 연극을 보는 것에 대해 어떻게 생각해?
What do you think about seeing a play?

너는 외식하는 것에 대해 어떻게 생각해?
What do you think about eating out?

일

너는 그것을 앞당기는 것에 대해 어떻게 생각해?
What do you think about moving it up?

너는 그것을 원칙대로 하는 것에 대해 어떻게 생각해?
What do you think about doing it by the book?

일상

너는 음식을 배달시키는 것에 대해 어떻게 생각해?
What do you think about ordering in?

너는 늦게까지 깨어 있는 것에 대해 어떻게 생각해?
What do you think about staying up?

'넌 ~가 …하는 것에 대해 어떻게 생각해?'라고 말해 보자

동사의 -ing형 앞에 him / her / them 등을 넣어 '넌 ~가 …하는 것에 대해 어떻게 생각해?'라고 다른 사람이 하는 행동에 대해 어떻게 생각하는지 말해 보자.

일상

너는 토모코가 오는 것에 대해 어떻게 생각해?
What do you think about Tomoko coming?

너는 그녀가 거절하는 것에 대해 어떻게 생각해?
What do you think about her saying no?

일

너는 데이브가 해고되는 것에 대해 어떻게 생각해?
What do you think about Dave getting fired?

너는 그가 장부를 조작하는 것에 대해 어떻게 생각해?
What do you think about him cooking the books?

연애

너는 그녀가 (재산의) 절반을 받는 것에 대해 어떻게 생각해?
What do you think about her getting half?

너는 그들이 헤어지는 것에 대해 어떻게 생각해?
What do you think about them breaking up?

PATTERN 26 What do you think about -ing ~?

'넌 ~하지 않는 것에 대해 어떻게 생각해?'라고 말해 보자

What do you think about 뒤에 오는 동사의 -ing형 바로 앞에 not을 써서 '넌 ~하지 않는 것에 대해 어떻게 생각해?'라고 말해 보자.

일

너는 초과 근무 수당을 받지 못하는 것에 대해 어떻게 생각해?
What do you think about not getting paid overtime?

너는 우리의 목표를 달성하지 못하는 것에 대해 어떻게 생각해?
What do you think about not hitting our target?

건강

너는 그가 수술을 받지 않는 것에 대해 어떻게 생각해?
What do you think about him not having an operation?

너는 그녀가 내 병문안을 오지 않는 것에 대해 어떻게 생각해?
What do you think about her not visiting me in the hospital?

일상

너는 그가 돈을 인출하지 않는 것에 대해 어떻게 생각해?
What do you think about him not getting money out?

너는 그녀가 사과하지 않는 것에 대해 어떻게 생각해?
What do you think about her not saying sorry?

COLUMN

장소를 나타내는 전치사 at/on/in을 구분하자

장소를 나타내는 전치사 at/on/in은 단위의 크기로 구분하여 쓴다. 우리말로는 '~에', '~에서'로, 의미상 같아 보이지만 영어에서는 문맥에 따라 구분해서 써야 한다.

at은 특정 지점이나 구체적인 장소 앞에 쓴다.
- I'm **at** home. (나는 집에 있어.)
- I'm watching TV **at** home. (나는 집에서 텔레비전을 보고 있어.)
- He's **at** work. (그는 회사에 있어.)
- He had lunch **at** work. (그는 회사에서 점심을 먹었어.)
- I'm **at** Incheon Airport. (나는 인천 공항에 있어.)

on은 층이나 거리 등 표면에 접촉되어 있는 장소 앞에 쓴다.
- I live **on** the 6th floor. (나는 6층에 살아.)
- I live **on** Fifth Avenue. (나는 5번가에 살아.)
- The shop is **on** Fifth Avenue. (그 상점은 5번가에 있어.)

in은 도시나 국가 등 비교적 넓은 범위의 장소나 안과 밖이 구분되는 장소 안 앞에 쓴다.
- I'm **in** Myeong-dong. (나는 명동에 있어.)
- I live **in** Seoul. (나는 서울에 살아.)
- Soccer is popular **in** Korea. (축구는 한국에서 인기 있어.)
- It's the best place **in** the world. (그곳은 세계에서 가장 좋은 장소야.)

동사의 과거분사

를 사용하는 패턴

다음 패턴은 바로 뒤에 동사의 과거분사를 이어 쓴다. 동사는 규칙적으로 변화하는 규칙동사와 불규칙적으로 변화하는 불규칙동사로 나뉘며, 이때 규칙동사는 '현재형-과거형-과거분사형'의 기본 3단 변화에서 과거형과 과거분사형이 동일하게 -ed가 붙은 형태(play-played-played)이다. 반면에 불규칙동사는 '현재형-과거형-과거분사형'의 형태가 모두 동일한 형태(hit-hit-hit), 과거형과 과거분사형의 형태가 동일하나 -ed가 아닌 형태(buy-bought-bought), 그리고 3단 변화가 모두 다르게 변화하는 형태(go-went-gone)가 있다.

PATTERN 27	I've ~
PATTERN 28	Have you ever ~?
PATTERN 29	I should've ~
PATTERN 30	I could've ~

PATTERN 27

I've ~

나 ~해 본 적이 있어

'나 ~해 본 적이 있어'라고 과거부터 현재까지 경험한 적이 있는 일에 대해 말할 때 쓰는 패턴이다. I've는 I have의 줄임말로, 뒤에 동사의 과거분사형을 쓴다.

I've + been to NY.
뉴욕에 가 본 적이 있어.

I've + seen it.
그것을 본 적이 있어.

I've + screwed up.
(일을) 망친 적이 있어.

I've + won.
이겨 본 적이 있어.

상황별로 사용할 수 있는 표현

야외 활동

나는 스카이다이빙을 해 본 적이 있어.
I've been skydiving.

나는 캠핑한 적이 있어.
I've been camping.

연애

나는 바람을 피운 적이 있어.
I've gotten cheated on.

나는 이혼한 적이 있어.
I've gotten divorced.

일

나는 독립한 적이 있어.
I've been out on my own.

나는 해고된 적이 있어.
I've gotten fired.

주어를 바꿔 보자

I've를 We've / They've / He's / She's로 바꿔 자신 이외의 이야기도 해 보자. 've는 have의, 's는 has의 줄임말이다.

연애

그는 이혼한 적이 있어.
He's gotten divorced.

우리는 다툰 적이 있어.
We've had a fight.

일

그들은 (일을) 대충한 적이 있어.
They've cut corners.

그녀는 (일을) 망친 적이 있어.
She's screwed up.

여가

그는 내게 저녁을 사 준 적이 있어.
He's bought me dinner.

그들은 우리를 집으로 초대한 적이 있어.
They've had us over.

부정으로 바꿔 보자

I've never ~는 '나 ~해 본 적이 없어'라고 자신이 어떤 일을 해 본 경험이 없다는 것을 강조할 때 쓰는 패턴이다. 이때 never 뒤에 동사의 과거분사형을 쓴다.

일

나는 한 번도 장부를 조작한 적이 없어.
I've never cooked the books.

그는 한 번도 목표를 달성해 본 적이 없어.
He's never hit his target.

건강

나는 한 번도 수술을 받아 본 적이 없어.
I've never had an operation.

그녀는 한 번도 헬스장에 가 본 적이 없어.
She's never been to the gym.

피해

나는 한 번도 강도를 당해 본 적이 없어.
I've never gotten mugged.

우리는 한 번도 사기를 당해 본 적이 없어.
We've never gotten conned.

PATTERN 28

Have you ever ~?

너 ~해 본 적이 있니?

'너 ~해 본 적이 있니?'라고 상대방에게 과거에 어떤 일을 해 본 경험이 있는지 물어볼 때 쓰는 패턴이다. ever는 '한 번이라도'라는 강조의 표현으로, 생략할 수 있다. Have you ever 뒤에는 동사의 과거분사형을 쓴다.

상황별로 사용할 수 있는 표현

연애

너는 사랑에 빠져 본 적이 있니?
Have you ever fallen in love?

너는 외국인을 사귀어 본 적이 있니?
Have you ever been out with a foreigner?

일

너는 독립한 적이 있니?
Have you ever been out on your own?

너는 (일을) 대충해 본 적이 있니?
Have you ever cut corners?

여가

너는 클럽에 가 본 적이 있니?
Have you ever been clubbing?

너는 골프를 쳐 본 적이 있니?
Have you ever played golf?

PATTERN 29

I should've ~

나 ~했어야 했어

'나 ~했어야 했어(그러나 하지 않았다)'라고 과거에 하지 않았던 일을 후회할 때 쓰는 패턴이다. I should've는 I should have의 줄임말로, 뒤에 동사의 과거분사형을 쓴다.

I should've

+ **gone to NY.**
뉴욕에 갔어야 했어.

+ **known.**
알았어야 했어.

+ **eaten more.**
더 먹었어야 했어.

+ **been smart.**
현명했어야 했어.

PATTERN 29　I should've ~

상황별로 사용할 수 있는 표현

일상

나는 더 일찍 잤어야 했어.
I should've gone to bed earlier.

나는 샤워를 했어야 했어.
I should've taken a shower.

연애

나는 그녀와 결혼했어야 했어.
I should've married her.

나는 튕겼어야 했어.
I should've played hard to get.

일

나는 더 손해를 보기 전에 그만뒀어야 했어.
I should've cut my losses.

나는 더 일찍 (직장을) 그만뒀어야 했어.
I should've quit earlier.

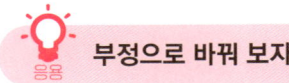 **부정으로 바꿔 보자**

I shouldn't have ~는 '나 ~하지 말았어야 했어(그러나 했다)'라고 과거에 한 일을 후회할 때 쓰는 패턴으로, have 뒤에는 동사의 과거분사형을 쓴다.

일상

나는 그렇게 많은 돈을 쓰지 말았어야 했어.
I shouldn't have spent so much money.

나는 그렇게 늦게까지 깨어 있지 말았어야 했어.
I shouldn't have stayed up so late.

여가

나는 그렇게 많이 마시지 말았어야 했어.
I shouldn't have drunk so much.

나는 술 마시러 가지 말았어야 했어.
I shouldn't have gone drinking.

연애

나는 그를 어장 관리 하지 말았어야 했어.
I shouldn't have led him on.

나는 그녀를 차 버리지 말았어야 했어.
I shouldn't have dumped her.

시간을 나타내는 전치사 at/on/in을 구분하자

시간을 나타내는 전치사 at/on/in은 단위의 크기로 구분하여 쓴다.

at은 구체적인 시간이나 하루보다 작은 단위의 기간이나 시간 앞에 쓴다.
- I get up **at** 7. (나는 7시에 일어나.)
- Let's talk **at** lunchtime. (점심시간에 이야기하자.)
- I'm free **at** night. (나는 밤에 한가해.)

on은 요일이나 날짜 등 하루 단위의 시간 앞에 쓴다.
- The meeting is **on** May 10th. (그 회의는 5월 10일에 있어.)
- Let's meet **on** Tuesday. (화요일에 만나자.)
- I ate out **on** my birthday. (나는 생일에 외식을 했어.)
- What did you do **on** the weekend? (너는 주말에 뭐 했니?)

*주말은 이틀이지만 on을 쓴다.

in은 월, 계절, 연도, 연대, 세기 등 하루보다 큰 단위의 시간 앞에 쓴다.
- It rains a lot **in** June. (6월에는 비가 많이 내려.)
- I graduated **in** 2019. (나는 2019년에 졸업했어.)
- He lived **in** the 19th century. (그는 19세기에 살았어.)
- It happened **in** the Joseon Dynasty period.
(그것은 조선시대에 발생했어.)

예외가 있다.
morning, afternoon, evening은 하루보다 작은 단위의 기간이지만 하루 중 상당한 시간을 나타내므로 in과 함께 쓴다. night은 at과 함께 쓴다.

PATTERN 30

I could've ~

나 ~할 수도 있었어

'나 ~할 수도 있었어(그러나 하지 않았다)'라고 과거에 할 수도 있었으나 하지 않았던 일이나 가능성이 있었던 일을 하지 않아 아쉬워하며 말할 때 쓰는 패턴이다. I could've는 I could have의 줄임말로, 뒤에 동사의 과거분사형을 쓴다.

I could've + **gone.**
갈 수도 있었어.

+ **helped you.**
너를 도울 수도 있었어.

+ **asked him.**
그에게 물어볼 수도 있었어.

+ **done the laundry.**
빨래를 할 수도 있었어.

상황별로 사용할 수 있는 표현

연애

나는 결혼할 수도 있었어.
I could've gotten married.

나는 (재산의) 절반을 받을 수도 있었어.
I could've gotten half.

일

나는 승진할 수도 있었어.
I could've gotten promoted.

나는 이익을 낼 수도 있었어.
I could've turned a profit.

야외 활동

나는 스키 타러 갈 수도 있었어.
I could've gone skiing.

나는 요트 타러 갈 수도 있었어.
I could've gone sailing.

PART 2

상황별
초간편 표현

PART 1의 기본 30패턴과 조합하여 일상 대화에서
사용할 수 있는 더 다양한 표현을 말해 보자.

일상 관련 표현

fall asleep
잠이 들다

fall asleep은 자신의 의도와는 상관없이 '저절로 잠이 들다', '졸다'라는 표현이다. go to sleep은 자신의 의도대로 '잠을 자다', '잠이 들다'라는 표현이라는 점에서 의미의 차이가 있다.

나는 잠 들 것 같아.
I'm going to fall asleep.

나는 요즘 잠이 안 와.
I haven't been falling asleep.

get a haircut
머리카락을 자르다

'다른 사람에게 자신의 머리카락을 자르게 하다'라는 표현이다. 비슷한 표현으로는 have a haircut, get(have) someone's hair cut이 있다.

나는 머리를 자르고 싶어.
I want to get a haircut.

머리 자른다는 것은 어떻게 됐어?
What happened to getting a haircut?

get changed
옷을 갈아입다

get changed는 주로 귀가해서 옷을 벗거나 다른 옷으로 갈아입을 때 사용하는 표현이다. '옷을 입다'라는 get dressed는 주로 외출하기 위해서 외출복으로 갈아입을 때 사용하는 표현이다.

너는 옷을 갈아입을 거니?
Are you going to get changed?

나는 옷을 갈아입었어야 했어.
I should've gotten changed.

get money out
돈을 인출하다

은행 등으로부터 돈을 인출할 때 사용하는 표현이다. 비슷한 표현으로는 withdraw money가 있다.

나는 돈을 인출해야 해.
I have to get money out.

나는 그가 돈을 찾는 게 지겨워.
I'm sick of him getting money out.

get ready
준비하다

be ready는 '준비되어 있다'라는 표현으로, 이미 준비된 상태, 즉 행동이 완료된 상태를 의미한다. 반면 get ready는 준비를 하는 동작을 취하는 것을 의미한다. get ready 뒤에 for를 쓰면 '~를 준비하다'라는 표현이 된다.

너는 준비 안 할 거니?
Aren't you going to get ready?

나는 그가 준비하지 않는 게 익숙해.
I'm used to him not getting ready.

get up
일어나다, 기상하다

get up은 '잠자리에서 일어나다'라는 표현으로, 잠에서 깨 정신을 차리는 것뿐만 아니라 잠자리에서 벗어나는 것까지를 의미한다. wake up은 '잠에서 깨다'라는 표현으로, 수면 상태에서 벗어나 눈을 뜨고 정신을 차리는 것을 의미한다.

나는 일어나지 않으려고 했어.
I wasn't going to get up.

나는 일찍 일어나는 것에 익숙해.
I'm used to getting up early.

일상 관련 표현

go home
집에 가다

go to 뒤에 장소를 쓰면 '~에 가다'라는 표현이 된다. 하지만 home에는 이미 '집에'라는 부사의 의미가 포함되어 '집에 가다'라는 표현이 되므로 방향을 나타내는 전치사 to를 붙이지 않는다.

나는 집에 가고 싶지 않아.
I don't want to go home.

나는 집에 갔어야 했어.
I should've gone home.

go to bed
자러 가다, 잠자리에 들다

go to bed를 그대로 해석하면 '침대로 가다'로, 침대에 잠을 자러 가는 동작과 행위를 나타낸다. sleep은 '자다'라는 뜻으로, I sleep for 8 hours.(나는 8시간 동안 잠을 잔다.)처럼 잠자는 시간이나 잠을 자고 있는 상태를 나타낸다.

나는 자러 갈 거야.
I'm going to go to bed.

나는 자러 가기를 기대하고 있어.
I'm looking forward to going to bed.

PART 2 상황별 초간편 표현

have dinner
저녁 식사를 하다

have 뒤에 식사 이름을 쓰면 '~ 식사를 하다'라는 표현이 된다. '저녁 식사'라는 뜻의 dinner 대신 breakfast(아침 식사) 또는 lunch(점심 식사)를 쓸 수 있다.

저녁 먹을래?
Do you want to have dinner?

너는 저녁 안 먹을 거니?
Aren't you going to have dinner?

kill time
시간을 때우다

한가하게 남는 시간이나 별로 할 일이 없을 때 어떤 일을 하면서 '시간을 보내다'라는 표현이다. 막연한 time 대신 two hours와 같은 구체적인 시간을 쓸 수 있다.

너는 어떻게 시간을 때우고 싶니?
How do you want to kill time?

나는 시간을 때워야 해.
I have to kill time.

일상 관련 **표현**

order in
(음식을) 배달시키다

'전화나 온라인으로 음식을 주문해서 배달시키다'라는 표현이다. 주문하는 요리나 음식 이름을 넣어 order in pizza 또는 order pizza in으로 표현할 수 있다.

나는 음식을 배달시키는 데 익숙해.
I'm used to ordering in.

나는 요즘 음식을 배달시키고 있어.
I've been ordering in.

say no
거절하다

누군가가 요청하거나 제안하는 것을 거절할 때 사용하는 표현이다.

나는 거절했어야 했어.
I should've said no.

나는 거절할 거야.
I'm going to say no.

say sorry
미안하다고 말하다, 사과하다

say는 '~를 말하다', '~라고 말하다'라고 말하는 내용 자체를 강조하는 동사이다.

너는 그가 사과하지 않는 것에 대해 어떻게 생각해?
What do you think about him not saying sorry?

나는 사과하려고 했어.
I was going to say sorry.

say thank you
고맙다고 말하다

누군가에게 감사 인사를 할 때 사용하는 표현이다.

너는 고맙다고 말 안 할 거니?
Aren't you going to say thank you?

너는 고맙다고 말하는 게 좋겠어.
You should say thank you.

say yes
승낙하다, 허락하다

'거절하다'라는 표현인 say no의 반대 표현이다.

나는 그녀가 허락하는 것을 상상할 수 없어.
I can't imagine her saying yes.

허락해 줘서 고마워.
Thank you for saying yes.

sleep in
늦잠을 자다

sleep in은 자신의 의도대로 늦잠 잘 때 사용하는 표현이다. oversleep은 자신의 의도와는 달리 실수로 늦잠 잘 때 사용하는 표현이다.

나는 늦잠 자고 싶어.
I want to sleep in.

나는 늦잠 잘 수도 있었어.
I could've slept in.

spend money
돈을 쓰다

spend는 돈이나 시간 등을 쓰는 데 중점을 둔 동사로, 뒤에 money 또는 time을 쓰면 '돈(시간)을 쓰다'라는 표현이 된다. 이때 money 또는 time 뒤에 동사의 -ing 형태를 쓰면 '~하는 데 돈(시간)을 쓰다'라는 표현이 된다.

나는 그녀가 돈을 쓰는 게 지겨워.
I'm sick of her spending money.

나는 돈을 쓰지 않아도 돼.
I don't have to spend money.

stay home
집에 있다, 집에 머무르다

stay home은 '계속 집에 있는 상태를 유지하다'라는 표현이다. stay at home은 '머물다'라는 의미가 더 강조되어 '다른 곳이 아니라 집에 머무르다(있다)'라는 표현이다.

나는 집에 있는 게 지겨워.
I'm sick of staying home.

나는 집에 있으려고 했어.
I was going to stay home.

일상 관련 표현

stay up
(늦게까지) 깨어 있다, 자지 않고 있다

'평소보다 늦게 자러 가거나 늦게까지 안 자고 깨어 있다'라는 표현이다. stay up 뒤에 all night을 쓰면 '밤새다'라는 표현이 된다.

나는 늦게까지 깨어 있는 것을 좋아해.
I like staying up.

나는 늦게 자지 말았어야 했어.
I shouldn't have stayed up.

take a bath
목욕하다

주로 '욕조에 몸을 담그고 목욕하다'라는 표현이다. 참고로 '따뜻한 물로 목욕하다'라는 표현은 take a hot bath이다.

나는 목욕하는 것을 좋아해.
I like taking a bath.

너는 목욕하는 게 어때?
Why don't you take a bath?

PART 2 상황별 초간편 표현

take a shower
샤워하다

일상 대화에서는 '샤워하다'라는 뜻의 동사 shower보다 take a shower를 더 자주 사용한다. 참고로 shower는 명사로 '샤워기'라는 뜻도 있다.

나는 샤워를 했어야 했어.
I should've taken a shower.

샤워한다는 것은 어떻게 됐어?
What happened to taking a shower?

watch TV
텔레비전을 시청하다

watch는 '자신의 의지로 일정 시간 동안 어떤 것을 집중해서 보거나 시청하다'라는 의미를 지닌 동사이다. watch 대신 '보다'라는 뜻의 동사 see 또는 look at을 써서 see TV 또는 look at TV로 표현할 수 없다.

내가 텔레비전을 봐도 될까?
Can I watch TV?

나는 텔레비전 보지 않는 것을 상상할 수 없어.
I can't imagine not watching TV.

일 관련 표현

call in sick
병가를 내다, 아파서 결근한다고 전화하다

실제로 감기에 걸려 일을 할 수 없는 상황이나 꾀병을 부려 일을 할 수 없는 상황, 둘 다 사용할 수 있는 표현이다. 즉, 상황의 사실 여부와는 상관없이 아파서 직장에 못 간다고 알리는 표현이다.

당신은 아파서 출근 못한다고 전화하는 게 어때요?
Why don't you call in sick?

나는 아파서 출근 못한다고 전화를 했어야 했어.
I should've called in sick.

change jobs
이직하다

'직장을 옮기다'라는 표현으로, 이때 job은 반드시 복수형을 쓴다. 비슷한 표현으로는 switch jobs가 있다.

나는 이직하기를 기대하고 있어.
I'm looking forward to changing jobs.

당신은 이직하는 게 좋겠어요.
You should change jobs.

cook the books
장부를 조작하다

books가 '(회계) 장부'라는 뜻의 명사로 쓰인 표현으로, 반드시 복수형을 쓴다.

당신은 장부를 조작하는 것에 대해 어떻게 생각하세요?
What do you think about cooking the books?

당신은 장부를 조작하지 않는 게 좋겠어요.
You shouldn't cook the books.

cut corners
(일을) 대충하다, (일을 쉽게 하려고) 절차를 무시하다, 잔꾀를 부리다

그대로 해석하면 '모퉁이를 자르다'이다. 마라톤 선수가 정해진 코스의 모퉁이까지 가서 돌지 않고 중간에 지름길로 빨리 가는 모습을 떠올리면 위의 표현을 쉽게 이해할 수 있다. 반드시 복수형 corners로 쓴다.

나는 사람들이 (일을) 대충하는 것을 참을 수 없어.
I can't stand people cutting corners.

나는 (일을) 대충하지 말았어야 했어.
I shouldn't have cut corners.

cut costs
경비를 절감하다

'값', '비용'이라는 뜻의 명사 cost가 '경비'라는 뜻으로 쓰인 표현이다. 반드시 복수형 costs로 쓴다.

저희는 경비를 절감해야 해요.
We have to cut costs.

경비를 절감한다는 것은 어떻게 됐어요?
What happened to cutting costs?

cut *my* losses
(더 이상의 손실을 피하기 위해) 손을 떼다

loss가 '(경제적인) 손실', '손해'라는 뜻의 명사로 쓰인 표현이다. 반드시 복수형 losses로 쓴다.

나는 더 손해를 보기 전에 그만둘 거야.
I'm going to cut my losses.

너는 더 손해를 보기 전에 그만뒀어야 했어.
You should've cut your losses.

do it by the book
그것을 원칙대로 하다

do something by the book은 '~를 원칙대로 하다'라는 표현으로, by the book은 '원칙대로', '정해진 규칙대로'라는 뜻이다. it 대신 everything 또는 명사를 쓸 수 있다.

저는 그것을 원칙대로 하는 것은 상관없어요.
I don't mind doing it by the book.

저희는 그것을 원칙대로 하지 말았어야 했어요.
We shouldn't have done it by the book.

do overtime
초과 근무를 하다, 야근하다

비슷한 표현으로는 work overtime, work late가 있다. do와 overtime 사이에 구체적인 초과 근무 시간을 넣어 do two hours overtime으로 표현할 수 있다.

초과 근무 좀 해 줄래요?
Can you do overtime?

나는 그가 초과 근무를 하는 게 지겨워.
I'm sick of him doing overtime.

finish work
퇴근하다

비슷한 표현으로는 go away from work, get off work, leave work이 있다. finish work 뒤에 on time을 이어 쓰면 '칼퇴근하다', '제시간에 일을 끝내다'라는 표현이 된다.

나는 요즘 일찍 퇴근하고 있어.
I've been finishing work early.

너는 몇 시에 퇴근할 것 같니?
What time are you going to finish work?

get a contract
계약을 따내다

contract가 '계약(서)'이라는 뜻의 명사로 쓰인 표현으로, 이때 get 대신 win 또는 land와 함께 쓸 수 있다. contract는 동사로 '계약하다'라는 뜻도 있다.

나는 계약을 따내고 싶어.
I want to get a contract.

나는 그가 계약을 따내지 못하는 데 익숙해.
I'm used to him not getting contracts.

get a job
취업하다, 일자리를 얻다

job이 '일자리', '직업'이라는 뜻의 명사로 쓰인 표현으로, 이때 job 앞에 관사를 붙인다. 비슷한 표현으로는 get hired, be employed가 있다.

취업하는 것은 어떤 느낌이니?
What's it like getting a job?

나는 취업할 수도 있었어.
I could've gotten a job.

get back to + 사람
~에게 다시 연락하다, ~에게 결과 보고를 하다

주로 업무 메일이나 전화 등에서 회답을 하기 위해 다시 연락하거나 결과를 보고할 때 사용하는 표현이다. 사람 자리에는 me 또는 him처럼 목적격을 쓴다.

제게 다시 연락 주셔서 감사해요.
Thank you for getting back to me.

당신은 그에게 다시 연락하지 않을 건가요?
Aren't you going to get back to him?

일 관련 **표현**

get fired
해고되다

'~를 해고하다'라는 뜻인 fire의 수동 표현으로, 주로 회사로부터 해고되는 것을 의미한다. 비슷한 표현으로는 get conned가 있다.

나는 해고되고 싶지 않아.
I don't want to get fired.

저는 한 번도 해고된 적이 없어요.
I've never gotten fired.

get in trouble
혼나다, 야단맞다

어떤 일에 휘말리거나 문제가 생겨 혼날 때 사용하는 표현이다. get in a lot of trouble(엄청 혼나다)처럼 표현할 수도 있다.

당신은 혼날 거예요.
You're going to get in trouble.

나는 혼나는 게 지겨워.
I'm sick of getting in trouble.

get paid
월급을 받다

월급뿐만 아니라 근로에 대한 보수를 받을 때 자주 사용하는 표현이다. get은 상황에 따라서 got paid처럼 시제를 맞춰 표현해야 한다.

나는 다음 주에 월급을 받을 거야.
I'm going to get paid next week.

나는 월급을 받던 게 그리워.
I miss getting paid.

get promoted
승진하다

'승진시키다'라는 뜻의 promote가 동사 get과 함께 쓰인 수동 표현이다. 비슷한 표현으로는 be promoted, get a promotion이 있다.

너는 승진할 것 같아?
Are you going to get promoted?

그가 승진한다는 것은 어떻게 됐어요?
What happened to him getting promoted?

go out on *my* own
독립하다, 스스로의 힘으로 시작하다

on someone's own은 '혼자', '혼자 힘으로'라는 뜻으로, someone 자리에는 my처럼 소유격을 쓴다. 비슷한 표현으로는 strike out on someone's own이 있다.

그녀는 독립할 것 같아.
She's going to go out on her own.

독립하는 것은 어떤 기분이니?
What's it like going out on your own?

go to work
출근하다, 일하러 가다

'직장에 가다'라는 표현으로, 이때 work은 명사로 '직장', '일터'라는 뜻이다. work은 job과는 달리 셀 수 없는 명사이므로 관사를 붙이거나 복수형을 쓰지 않는다.

나는 출근해야 해.
I have to go to work.

나는 일하러 가는 것을 좋아해.
I like going to work.

have a meeting
회의를 하다, 회의를 열다

한 번의 회의는 a meeting, 여러 번의 회의는 meetings처럼 복수형으로 쓴다. 동사 have 대신 hold를 써서 hold a meeting으로 표현할 수 있다.

저희는 회의를 할 거예요.
We're going to have a meeting.

그는 요즘 회의를 많이 하고 있어요.
He's been having lots of meetings.

hit *my* target
목표를 달성하다

그대로 해석하면 '과녁을 맞추다'이지만 업무와 관련된 표현에서는 '목표를 달성하다'라는 의미이다. 주어에 따라 my 대신 your, his, her처럼 소유격을 쓴다.

그는 요즘 목표를 달성하고 있어요.
He's been hitting his target.

나는 한 번도 목표를 달성해 본 적이 없어.
I've never hit my target.

일 관련 표현

meet the deadline
마감일을 지키다

meet은 '만나다' 외에 '(기한 등을) 지키다'라는 뜻이 있다. 참고로 '마감일을 놓치다'라는 표현은 miss the deadline이다.

저희는 마감일을 지켜야 해요.
We have to meet the deadline.

나는 그들이 마감일을 지키지 않는 게 지겨워.
I'm sick of them not meeting the deadline.

move it back
(일정을) 미루다, 연기하다

'예정된 회의나 행사 등의 일정을 미루다'라는 표현으로, 이때 막연한 it 대신 the meeting(회의) 또는 the release(발매 음반, 개봉 영화) 등을 쓸 수 있다.

나는 그것을 뒤로 미루고 싶지 않아.
I don't want to move it back.

개봉을 연기한다는 것은 어떻게 됐어요?
What happened to moving the release back?

move it up
(일정을) 앞당기다, 승진하다, 출세하다

'예정된 회의나 행사 등의 일정을 앞당기다'라는 표현으로, move it back과 반대된다. 막연한 it 대신 the meeting 또는 the release 등을 쓸 수 있다.

나는 그것을 앞당기려고 했어.
I was going to move it up.

당신은 회의를 앞당기는 것에 대해 어떻게 생각하나요?
What do you think about moving the meeting up?

quit
그만두다

'직장이나 학교 등을 그만두다'라는 표현으로, 일상 대화에서는 quit my job보다 quit으로 말하는 경우가 많다. 참고로 quit의 과거형과 과거분사형은 모두 quit이다.

그는 (직장을) 그만둘 거예요.
He's going to quit.

나는 (직장을) 더 일찍 그만뒀어야 했어.
I should've quit earlier.

일 관련 표현

screw up
(일을) 망치다, 엉망으로 만들다

주로 실수를 저지르거나 일을 잘못 처리해서 '어떤 상황을 망치거나 엉망으로 만들다'라는 표현이다. 비슷한 표현으로는 mess up이 있다.

나는 그가 (일을) 망치는 것을 상상할 수 없어.
I can't imagine him screwing up.

당신은 (일을) 망쳐 본 적이 있나요?
Have you ever screwed up?

take time off
휴가를 내다, 쉬다

'휴가', '휴식 기간'이라는 뜻의 time off는 take(have/get)와 함께 쓰여 '휴가를 내다', '쉬다'라고 표현할 수 있다. take와 off 사이에 특정 기간을 넣어 '특정 기간 동안 쉬다'라고 표현할 수도 있다.

저는 당신이 휴가를 내는 것은 상관없어요.
I don't mind you taking time off.

제가 월요일에 쉬어도 될까요?
Can I take Monday off?

PART 2 상황별 초간편 표현

think outside the box
고정 관념을 깨다, 틀에 박힌 사고에서 벗어나다, 창의적으로 생각하다

그대로 해석하면 '상자 밖에서 생각하다'로, 이때 box는 자신의 발상을 제한하는 '고정 관념'을 의미한다.

저희는 고정 관념을 깨야 해요.
We have to think outside the box.

저는 그가 창의적으로 생각하는 것을 상상할 수 없어요.
I can't imagine him thinking outside the box.

transfer / get transferred
전근 가다 / 전근되다

부서를 옮기거나 전근 갈 때 사용하는 표현이다. 자신의 의지로 옮기면 transfer를, 자신의 의지가 아닌 회사 결정에 따라 옮기면 수동 표현인 get transferred를 쓴다.

저는 영업부로 옮기고 싶어요.
I want to transfer to sales.

저는 센다이로 전근 가고 싶지 않아요.
I don't want to get transferred to Sendai.

일 관련 **표현**

turn a profit
이익을 내다

profit은 명사로 '이익', '수익'이라는 뜻이다. 반대 표현으로는 '손실을 내다'라는 make a loss가 있다.

저희는 요즘 이익을 내고 있어요.
We've been turning a profit.

나는 이익을 내던 게 그리워.
I miss turning a profit.

wine and dine + 사람
~에게 푸짐하게 대접하다

'식당 등에서 맛있는 술과 음식을 즐기다', '~에게 맛있는 술과 음식을 대접하다'라는 표현이다. wine과 dine이 하나의 동사로 쓰여 동사의 -ing 형태나 과거분사형으로 쓰일 때는 둘 다 형태를 바꿔야 한다.

나는 고객들에게 푸짐하게 대접하는 데 익숙해.
I'm used to wining and dining clients.

저희는 그들에게 푸짐하게 대접했어야 했어요.
We should've wined and dined them.

연애 관련 표현

ask + 사람 + out
~에게 데이트를 신청하다

주로 데이트를 신청할 때 사용하는 표현이다. 참고로 '데이트하다'라는 표현은 go (out) on a date, have a date 등이 있다.

너는 그에게 데이트 신청을 안 할 거니?
Aren't you going to ask him out?

너는 그녀에게 데이트를 신청했어야 했어.
You should've asked her out.

break up (with + 사람)
(~와) 헤어지다

주로 이별할 때 사용하는 표현이다. 참고로 영어에서는 문장의 주어가 되는 사람이 먼저 헤어지자고 말한 사람이 된다. I broke up with him.(나는 그와 헤어졌어.)에서 I가 먼저 헤어지자고 말한 것임을 알 수 있다.

그들은 헤어질 것 같아.
They're going to break up.

너는 헤어지고 싶니?
Do you want to break up?

연애 관련 표현

cheat (on+사람)
(~를 속이고) 바람을 피우다

'속이다', '부정행위를 하다', '바람을 피우다'라는 뜻의 cheat 뒤에 on과 사람을 이어 쓰면 '~를 속이고 바람을 피우다'라는 표현이 된다.

나는 남자들이 바람 피우는 것을 참을 수 없어.
I can't stand guys cheating.

그가 너를 속이고 바람 피운 적이 있니?
Has he ever cheated on you?

divorce+사람 / get divorced
~와 이혼하다 / 이혼하다

divorce는 명사로 '이혼', 동사로 '이혼하다'라는 뜻이다. 이때 동사 divorce 뒤에는 이혼하는 사람을 바로 쓰고, 이혼하는 사람을 쓰지 않을 때는 get divorced로 한다.

그는 그녀와 이혼하고 싶어 해.
He wants to divorce her.

이혼하는 것은 어떤 느낌이니?
What's it like getting divorced?

dump + 사람
~를 차다

dump는 '버리다'라는 뜻의 동사로, 주로 연인 사이에서 '교제하던 사람을 차다'라는 표현이다.

그녀는 그를 차 버릴 거야.
She's going to dump him.

너는 그녀를 차 버리는 게 좋겠어.
You should dump her.

fall for + 사람
~에게 홀딱 반하다, ~와 사랑에 빠지다

'갑자기 누군가에게 반하다', '사랑하게 되다'라는 표현이다. fall for 뒤에 사람이 아닌 사물을 쓰면 '~에 속아 넘어가다', '~에 사기를 당하다'라는 표현이 된다.

나는 남자들이 내게 반하는 것에 익숙해.
I'm used to guys falling for me.

나는 그에게 반하지 말았어야 했어.
I shouldn't have fallen for him.

연애 관련 표현

fall in love
사랑에 빠지다

뒤에 with와 사람을 이어 쓰면 '~와 사랑에 빠지다'라는 표현이 된다.

나는 네가 사랑에 빠지는 것을 상상할 수 없어.
I can't imagine you falling in love.

너는 사랑에 빠져 본 적이 있니?
Have you ever fallen in love?

fall out of love
사랑이 식다, 정떨어지다

fall in love와 반대되는 표현이다. 뒤에 with와 사람을 이어 쓰면 '~에게 사랑이 식다', '~에게 정떨어지다'라는 표현이 된다.

나는 사랑이 식는 것을 원하지 않아.
I don't want to fall out of love.

사랑이 식는다는 것은 어떻게 됐어?
What happened to falling out of love?

PART 2 상황별 초간편 표현

173

get a boyfriend
남자친구가 생기다

get a boyfriend는 '남자친구가 생기다', '남자친구를 만들다', have a boyfriend는 '남자친구가 있다'라는 표현이다. 두 표현 모두 boyfriend 대신 girlfriend(여자친구)를 쓸 수 있다.

나는 남자친구를 만들고 싶어.
I want to get a boyfriend.

여자친구를 만든다는 것은 어떻게 됐어?
What happened to getting a girlfriend?

get asked out
데이트 신청을 받다

'~에게 데이트를 신청하다'라는 표현인 「ask + 사람 + out」이 동사 get과 함께 쓰인 수동 표현이다. 이때 get asked out 뒤에는 사람을 이어 쓰지 않는다.

나는 데이트 신청을 받고 싶어.
I want to get asked out.

나는 요즘 데이트 신청을 못 받고 있어.
I haven't been getting asked out.

연애 관련 표현

get back together
재결합하다, (헤어졌다가) 다시 사귀다

get together는 원래 '(이성과) 사귀기 시작하다'라는 뜻이다. back을 넣어서 '다시 사귀다'라는 표현이 된다.

너는 다시 사귀는 게 어때?
Why don't you get back together?

나는 재결합하지 말았어야 했어.
I shouldn't have gotten back together.

get cheated on
바람을 피우다

'~를 속이고 바람을 피우다'라는 표현인 「cheat on + 사람」이 동사 get과 함께 쓰인 수동 표현이다. 이때 on을 빠뜨리지 않도록 한다.

너는 바람 피우지 않을 것 같아.
You're not going to get cheated on.

너는 바람 피운 적이 있니?
Have you ever gotten cheated on?

get dumped
차이다

'~를 차다'라는 뜻의 dump가 동사 get과 함께 쓰인 수동 표현이다. get dumped 뒤에 사람을 이어 쓰지 않는다.

나는 차이는 데 익숙해.
I'm used to getting dumped.

나는 한 번도 차여 본 적이 없어.
I've never gotten dumped.

get half
(재산의) 절반을 받다

이혼 시 재산 분할에 관한 표현이다.

그녀가 (재산의) 절반을 받을 것 같니?
Is she going to get half?

나는 (재산의) 절반을 받을 수도 있었어.
I could've gotten half.

연애 관련 **표현**

get hit on
추파를 받다

'~에게 추근거리다', '~에게 작업 걸다'라는 표현인 「hit on + 사람」이 동사 get과 함께 쓰인 수동 표현이다. 이때 get hit on 뒤에 사람을 이어 쓰지 않는다. 참고로 hit의 과거형과 과거분사형은 hit이다.

나는 추파 받는 것은 상관없어.
I don't mind getting hit on.

너는 직장에서 추파를 받아 본 적이 있니?
Have you ever gotten hit on at work?

get led on
어장 관리를 당하다, 농락당하다

'~를 착각하게 하다', '~를 어장 관리 하다'라는 표현인 「lead + 사람 + on」이 동사 get과 함께 쓰인 수동 표현이다. 이때 get led on 뒤에 사람을 이어 쓰지 않는다.

나는 어장 관리를 당하고 싶지 않아.
I don't want to get led on.

나는 어장 관리 당하는 게 지겨워.
I'm sick of getting led on.

get picked up
헌팅당하다

'~에게 수작 걸다', '~를 꼬시다'라는 표현인 「pick + 사람 + up」이 동사 get과 함께 쓰인 수동 표현이다. 이때 get picked up 뒤에 사람을 이어 쓰지 않는다.

나는 헌팅당하고 싶지 않아.
I don't want to get picked up.

나는 한 번도 헌팅당한 적이 없어.
I've never gotten picked up.

get proposed to
청혼을 받다

'~에게 청혼하다'라는 표현인 「propose to + 사람」이 동사 get과 함께 쓰인 수동 표현이다. 이때 get proposed to 뒤에 사람을 이어 쓰지 않는다.

나는 청혼을 받고 싶어.
I want to get proposed to.

나는 청혼을 받아 본 적이 있어.
I've gotten proposed to.

연애 관련 **표현**

go out (with+사람)
(~와) 사귀다

원래 '외출하다'라는 뜻이지만 '연인으로서 사귀다'라는 뜻으로도 쓰인다. 이때 주어가 we, they처럼 복수인 경우에는 with와 사람을 이어 쓰지 않는다.

너는 그와 사귀고 싶니?
Do you want to go out with him?

나는 그들이 사귀는 것을 상상할 수 없어.
I can't imagine them going out.

go through a rough patch
힘든 시기(권태기)를 겪다

go through는 '~를 겪다', rough patch는 '힘든 시기'라는 뜻이다. go through 대신 hit 또는 strike를 쓸 수 있다.

나는 우리가 권태기를 겪는 것을 상상할 수 없어.
I can't imagine us going through a rough patch.

너는 권태기를 겪어 본 적이 있니?
Have you ever gone through a rough patch?

have a fight
다투다, 언쟁을 벌이다

fight는 명사로 '싸움' 외에 '(심한) 말다툼'이라는 뜻이 있다. have a fight 뒤에 with와 사람을 이어 쓰면 '~와 다투다'라는 표현이 된다.

나는 다투는 게 지겨워.
I'm sick of having a fight.

우리는 한 번도 다툰 적이 없어.
We've never had a fight.

hit on + 사람
~에게 추근거리다, ~에게 작업 걸다

'때리다', '치다'라는 뜻의 hit 뒤에 on과 사람을 이어 쓰면 '~에게 작업 걸다'라는 표현이 된다. 이때 on을 빠뜨리면 '~를 때리다'라는 표현이 되므로 주의해야 한다.

내게 추근거리지 않아 줘서 고마워.
Thank you for not hitting on me.

나는 한 번도 동료에게 추근거린 적이 없어.
I've never hit on a coworker.

연애 관련 표현

lead + 사람 + on
~를 착각하게 하다, ~를 어장 관리 하다

'안내하다', '이끌다'라는 뜻의 lead 뒤에 사람과 on을 이어 쓰면 '~를 착각하게 하다', '~를 어장 관리 하다'라는 표현이 된다.

너는 그를 어장 관리 하지 않는 게 좋겠어.
You shouldn't lead him on.

나는 남자들이 나를 어장 관리 하는 게 지겨워.
I'm sick of guys leading me on.

make up (with + 사람)
(~와) 화해하다

일상 대화에서 화해할 때 자주 사용하는 표현으로, 뒤에 with와 사람을 이어 쓸 수 있다. '화장하다'라는 표현의 put on makeup과 혼동하지 않도록 한다.

너는 그녀와 화해하는 게 어때?
Why don't you make up with her?

나는 그들이 화해하기를 기대하고 있어.
I'm looking forward to them making up.

marry into money
부자와 결혼하다, 돈을 보고 결혼하다

여자가 부자인 남자와 결혼할 때 또는 남자가 부자인 여자와 결혼할 때, 둘 다 사용할 수 있는 표현이다.

그녀가 부자와 결혼한다는 것은 어떻게 됐어?
What happened to her marrying into money?

나는 부자와 결혼할 수도 있었어.
I could've married into money.

marry + 사람 / get married
~와 결혼하다 / 결혼하다

marry는 뒤에 결혼할 사람을 써서 '~와 결혼하다'라는 표현이 된다. 반면 상대방을 언급하지 않는 경우에는 get married를 쓴다.

나는 그와 결혼하고 싶어.
I want to marry him.

너는 언제 결혼할 거니?
When are you going to get married?

연애 관련 표현

pick + 사람 + up
~에게 수작 걸다, ~를 꼬시다

'~를 들어올리다', '~를 차로 데리러 가다' 외에 '~에게 수작 걸다'라는 표현이다. 이때 사람이 him, them처럼 대명사일 때는 pick과 up 사이에 쓴다. 사람이 girls, guys처럼 명사일 때는 pick과 up 사이 또는 pick up 뒤에 쓴다.

너는 그녀를 꼬셨어야 했어.
You should've picked her up.

너는 여자애들에게 수작 걸어 본 적이 있니?
Have you ever picked up girls?

play games
밀당하다

'게임을 하다', '놀이를 하다'라는 표현으로 더 자주 사용되지만 남녀 관계에서는 '밀당하다'라는 표현이다. 뒤에 with와 사람을 이어 쓰면 '~와 밀당하다'라는 표현이 된다.

나는 밀당하고 싶지 않아.
I don't want to play games.

나는 그녀가 밀당하는 게 지겨워.
I'm sick of her playing games.

PART 2 상황별 초간편 표현

play hard to get
튕기다, 좋으면서 싫은 척 하다

그대로 해석하면 '얻기에 힘든 놀이를 하다'로, 초대 등을 즉각 받아들이지 않고 비싸게 굴거나 특히 남녀 관계에서 상대방에게 실제보다 덜 관심이 있는 척 할 때 사용하는 표현이다.

나는 요즘 튕기고 있어.
I've been playing hard to get.

나는 튕겼어야 했어.
I should've played hard to get.

여가 관련 표현

buy + 사람 + dinner
~에게 저녁을 사 주다, ~에게 저녁 식사를 대접하다

'사다'라는 뜻의 buy 뒤에 사람과 사물을 이어 쓰면 '~에게 …을 사 주다'라는 표현이 된다. 사람 자리에는 me처럼 목적격을 쓴다.

내가 저녁을 사 줄까?
Do you want me to buy you dinner?

나는 그가 내게 저녁을 사 주지 않는 데 익숙해.
I'm used to him not buying me dinner.

eat in
집에서 식사하다

'안에서 먹다'라는 뜻으로, eat out의 반대 표현이다.

나는 집에서 먹으려고 했어.
I was going to eat in.

집에서 먹을래?
Do you want to eat in?

eat out
외식하다

'밖에서 먹다'라는 뜻으로, 일반적으로 패스트푸드점처럼 비싸지 않은 식당에서 외식할 때 사용하는 표현이다.

나는 요즘 외식하고 있어.
I've been eating out.

나는 외식을 했어야 했어.
I should've eaten out.

get a taxi
택시를 타다

get a taxi는 '택시가 대기 중인 택시 정류장으로 직접 가서 타다'라는 표현이다. catch a taxi는 '손을 들어 운행 중인 택시를 세워 타다'라는 표현이라는 점에서 의미의 차이가 있다.

나는 택시를 탈 거야.
I'm going to get a taxi.

우리는 택시를 탔어야 했어.
We should've gotten a taxi.

go clubbing
클럽에 가다

clubbing은 명사로 춤을 추거나 하러 '클럽에 가기', '클럽에 가서 놀기'라는 뜻이다.

나는 클럽에 가지 않으려고 했어.
I wasn't going to go clubbing.

나는 한 번도 클럽에 가 본 적이 없어.
I've never been clubbing.

'~해 본 적이 있다(없다)'라는 의미일 때는 go의 과거분사형은 been을, 그 외의 뜻일 때는 gone을 쓴다.

go drinking
술을 마시러 가다

drink는 동사로 '(음료를) 마시다', '술을 마시다'라는 뜻이 있다. go drinking은 '술을 마시러 가다', go to drinking은 'drinking이라는 장소에 가다'라는 표현이다.

그와 술 마시러 가는 것은 어떤 느낌이니?
What's it like going drinking with him?

나는 술을 마시러 가지 말았어야 했어.
I shouldn't have gone drinking.

go for a drive
드라이브 가다

go for 뒤에 a와 명사를 이어 쓰면 '~하러 가다'라는 표현이 된다. 비슷한 표현으로는 take a drive가 있다.

우리 드라이브 가는 게 어때?
Why don't we go for a drive?

나는 드라이브 가던 게 그리워.
I miss going for drives.

go for a walk
산책하러 가다

일상 대화에서 '산책하다'라는 뜻으로 가장 많이 쓰이는 표현이다. walk는 '걷다', '산책하다', '산책시키다'라는 뜻의 동사 외에 '걷기', '산책'이라는 뜻의 명사로도 쓰인다.

나는 산책하러 갈 거야.
I'm going to go for a walk.

나는 산책하는 것을 좋아해.
I like going for a walk.

여가 관련 **표현**

go out
나가다, 외출하다

방 또는 건물을 나가거나 외출할 때, 특히 go out for a drink(술 한잔 하러 나가다)처럼 어떤 것을 하기 위해 놀러 나갈 때 자주 사용하는 표현이다.

외출할래?
Do you want to go out?

나는 외출하지 않아도 상관없어.
I don't mind not going out.

go shopping
쇼핑하러 가다

shop이 '물건을 사다', '물건을 사러 가다', '쇼핑을 하다'라는 뜻의 동사로 쓰인 표현이다. 참고로 물건을 구매하지 않고 구경만 하는 쇼핑은 window shopping이다.

쇼핑하러 갈래?
Do you want to go shopping?

나는 요즘 쇼핑하러 안 가.
I haven't been going shopping.

go sightseeing
관광하다

sightseeing은 명사로 '관광', '구경'이라는 뜻이다.

나는 관광하고 싶어.
I want to go sightseeing.

관광한다는 것은 어떻게 됐어?
What happened to going sightseeing?

go to the beach
바닷가에 가다

이 표현의 the는 특정 바닷가를 의미하지 않는다. 비슷한 표현으로 혼동할 수 있는 go to sea는 '선원이 되어 바다로 나가다', '뱃사람이 되다'라는 뜻이다.

바닷가에 갈래?
Do you want to go to the beach?

우리는 바닷가에 갔어야 했어.
We should've gone to the beach.

여가 관련 **표현**

go to the movies
영화관에 가다, 영화 보러 가다

복수형으로 쓰인 the movies는 '영화관', '극장'이라는 뜻이다. movie가 '영화'라는 뜻일 때는 a movie 또는 movies로 쓴다.

나는 요즘 영화 보러 안 갔어.
I haven't been going to the movies.

우리 영화 보러 가는 게 어때?
Why don't we go to the movies?

go to the park
공원에 가다

이 표현의 the는 go to the beach의 the처럼 특정 공원을 의미하지 않는다.

나는 공원에 가는 것이 기대돼.
I'm looking forward to going to the park.

우리는 요즘 공원에 안 가.
We haven't been going to the park.

go traveling
여행하다

「go + 동사의 -ing」 형태로, go traveling 뒤에는 여행지를 쓰지 않는다. travel은 주로 긴 여정의 여행 또는 이동 자체를 의미하며, 동사로 '여행하다', '이동하다', 명사로 '여행', '이동', '출장'이라는 뜻이 있다.

우리는 여행할 거야.
We're going to go traveling.

나는 여행하는 것이 기대돼.
I'm looking forward to going traveling.

have a party
파티를 하다, 파티를 열다

동사 have 대신 throw(hold / give) a party로 쓸 수 있다. '파티에 가다'라는 표현은 go to a party이다.

너는 파티를 할 거니?
Are you going to have a party?

너는 파티를 열었어야 했어.
You should've had a party.

have+사람+over
(집으로) ~를 초대하다, 부르다

over here는 '이쪽에', over there는 '저쪽에'라는 뜻이지만 여기서 over는 '집으로'라는 뜻이 된다. 비슷한 표현으로는 「invite+사람+over」가 있다.

나는 그를 집으로 초대하려고 했어.
I was going to have him over.

우리는 한 번도 그들을 집으로 초대한 적이 없어.
We've never had them over.

play golf
골프를 치다

play는 주로 공을 사용하는 운동 경기와 함께 쓴다. '골프를 치러 가다'라는 표현은 go golfing이다.

나는 골프를 치려고 했어.
I was going to play golf.

그는 요즘 골프를 치고 있어.
He's been playing golf.

see a band
밴드 공연을 보다

동사 see가 경기, 방송, 공연 등과 함께 쓰이면 '보다', '구경하다'라는 뜻이 된다.

우리는 밴드 공연을 볼 거야.
We're going to see a band.

너는 밴드 공연을 본 적이 있니?
Have you ever seen a band?

see a movie (play)
영화(연극)를 보다

주로 극장에서 영화나 연극을 볼 때 동사 see를 쓴다. watch a movie는 주로 집에서 영화를 볼 때 사용하는 표현이다.

영화 볼래?
Do you want to see a movie?

나는 연극 보는 것을 좋아해.
I like seeing plays.

여가 관련 **표현**

share a taxi
함께 택시를 타다

다른 사람과 택시를 합승할 때 사용하는 표현이다. 이때 share는 동사로 '~를 같이 쓰다'라는 뜻이다.

우리 함께 택시 타는 게 어때?
Why don't we share a taxi?

나는 함께 택시를 타도 상관없어.
I don't mind sharing a taxi.

split the bill
각자 계산하다, 나누어 내다

그대로 해석하면 '계산서를 균등하게 나눠 내다'로, 식당 등에서 음식값을 계산할 때 사용하는 표현이다. 참고로 dutch pay는 올바른 표현이 아니며, split the bill(check) 또는 go dutch가 올바른 표현이다.

각자 계산할까?
Do you want to split the bill?

각자 계산한다는 것은 어떻게 됐어?
What happened to splitting the bill?

take + 사람 + out
~를 데리고 나가다

'~에게 어떤 것을 대접하기 위해 어떤 장소로 데려가다'라는 표현으로, 특히 남녀 관계에서 데이트를 신청할 때 사용한다. 사람 자리에는 me처럼 목적격을 쓴다.

내가 너를 데리고 나가 줄까?
Do you want me to take you out?

나를 데리고 나와 줘서 고마워.
Thanks for taking me out.

다음과 같이 go를 사용한 표현을 take를 사용한 표현으로 바꿀 수 있다.

go to the beach ➡ **take someone to the beach**
바닷가에 가다 　　　　　~를 바닷가에 데리고 가다

go drinking ➡ **take someone drinking**
술 마시러 가다 　　　　~를 술 마시는 데 데리고 가다

go for a drive ➡ **take someone for a drive**
드라이브 가다 　　　　~를 데리고 드라이브 가다

go sightseeing ➡ **take someone sightseeing**
관광하다 　　　　　　~에게 관광 명소를 안내하다

야외 활동 관련 표현

go bungee jumping	번지 점프 하러 가다
go camping	캠핑하러 가다
go fishing	낚시하러 가다
go hiking	등산하러 가다
go sailing	요트 타러 가다
go scuba-diving	스쿠버 다이빙 하러 가다
go skiing	스키 타러 가다
go skydiving	스카이다이빙 하러 가다
go snorkeling	스노클링 하러 가다
go snowboarding	스노보드 타러 가다
go surfing	서핑 하러 가다

나는 번지 점프를 해 본 적이 있어.
I've been bungee jumping.

우리는 요즘 캠핑하러 안 갔어.
We haven't been going camping.

나는 낚시하러 가던 게 그리워.
I miss going fishing.

나는 요즘 등산을 가.
I've been going hiking.

너는 요트를 타러 가 본 적이 있니?
Have you ever been sailing?

나는 스쿠버 다이빙 하러 가는 것이 기대돼.
I'm looking forward to going scuba-diving.

우리는 스키 타러 갈 거야.
We're going to go skiing.

너는 스카이다이빙을 하러 갔어야 했어.
You should've gone skydiving.

나는 스노클링 하러 가고 싶어.
I want to go snorkeling.

스노보드 타러 갈래?
Do you want to go snowboarding?

나는 한 번도 서핑을 해 본 적이 없어.
I've never been surfing.

가사 관련 표현

air out the house
집을 환기시키다

air out은 '(실내의 안 좋은 공기를) 환기시키다'라는 뜻으로, 뒤에 환기시킬 장소를 쓴다.

나는 집을 환기시키는 것을 좋아해.
I like airing out the house.

우리는 집을 환기시키는 게 좋겠어.
We should air out the house.

air the futon
요를 널다

air는 동사로 '옷이나 침구 등을 밖에 널다'라는 뜻이다. futon은 사람이 앉거나 누울 때 바닥에 까는 일본식 '요'이다.

너는 요를 너는 게 어때?
Why don't you air the futon?

나는 요를 널지 않는 것을 참을 수 없어.
I can't stand not airing the futon.

clean the house
집을 청소하다

동사 clean 뒤에 the와 장소를 이어 쓰면 '~를 청소하다'라는 표현이 된다.

그녀는 요즘 집을 청소하지 않고 있어.
She hasn't been cleaning the house.

나는 그가 집 청소하는 것을 상상할 수 없어.
I can't imagine him cleaning the house.

do the dishes
설거지를 하다

the dishes는 복수형으로 쓰여 '(사용한) 접시나 그릇'이라는 뜻이다. 비슷한 표현으로는 wash the dishes, do the washing-up이 있다.

설거지 좀 해 줄래?
Can you do the dishes?

나는 설거지하는 것에 익숙해.
I'm used to doing the dishes.

do the gardening
정원을 가꾸다

garden은 Do you garden?(너는 정원을 가꾸니?)과 같이 동사로도 쓸 수 있다. 하지만 do the gardening, do some gardening이 더 자주 쓰이는 표현이다.

나는 정원 가꾸는 것을 좋아해.
I like doing the gardening.

그는 요즘 정원을 가꾸고 있어.
He's been doing the gardening.

do (the) housework
집안일을 하다, 가사를 돌보다

housework은 '집안일', '가사'라는 뜻의 명사로, 뒤에 -s를 붙여 복수형으로 만들 수 없다. 비슷한 표현으로는 do house chores, do household chores가 있다.

나는 집안일을 하고 싶지 않아.
I don't want to do the housework.

나는 그가 집안일 하는 것을 좋아해.
I like him doing the housework.

do the ironing
다림질하다

'다림질하다'라는 표현은 '다림질'이라는 뜻의 ironing을 쓴다. 참고로 iron은 명사로 '다리미'라는 뜻이다.

나는 네가 다림질하는 것을 상상할 수 없어.
I can't imagine you doing the ironing.

나는 한 번도 다림질을 해 본 적이 없어.
I've never done the ironing.

do (the) laundry
빨래를 하다, 세탁하다

laundry는 '빨래', '세탁물'이라는 뜻이 있다. 비슷한 표현으로는 do the washing, do the wash가 있다.

너는 언제 빨래할 거니?
When are you going to do the laundry?

나는 빨래하는 게 지겨워.
I'm sick of doing the laundry.

가사 관련 표현

do the shopping
쇼핑을 하다, 장을 보다

'집 안에 필요한 물품이나 식료품 등을 쇼핑하다'라는 표현이다.

같이 장 볼래?
Do you want to do the shopping together?

장 본다는 것은 어떻게 됐어?
What happened to doing the shopping?

feed the dog
개에게 먹이를 주다

feed는 애완동물에게 사료를 줄 때나 아기에게 우유를 줄 때 쓴다. the dog 대신 Arthur처럼 애완동물의 이름을 쓸 수 있다.

개에게 먹이 좀 줄래?
Can you feed the dog?

아서에게 먹이를 줘서 고마워.
Thank you for feeding Arthur.

PART 2 상황별 초간편 표현

fold the laundry
빨래를 개다

fold는 '옷이나 빨래 등을 개다'라는 뜻의 동사이다. laundry가 '세탁물', '빨래'라는 뜻으로 쓰일 때는 반드시 단수형을 쓴다.

나는 빨래를 개고 싶지 않아.
I don't want to fold the laundry.

나는 빨래를 개는 게 지겨워.
I'm sick of folding the laundry.

get the laundry in
빨래를 걷다, 빨래를 들여놓다

get in은 '작물을 수확하거나 빨래 등을 걷다'라는 뜻이다.

빨래 좀 걷어 줄래?
Can you get the laundry in?

빨래를 걷어 줘서 고마워.
Thank you for getting the laundry in.

가사 관련 표현

hang out the laundry
빨래를 밖에 널다

hang out은 '(빨래 등을) 밖에 널다'라는 뜻이다. 같은 표현으로는 hang the laundry out, hang out the washing, hang the washing out이 있다.

나는 빨래를 널어야 해.
I have to hang out the laundry.

나는 빨래를 널지 말았어야 했어.
I shouldn't have hung out the laundry.

make dinner
저녁 식사를 준비하다

dinner는 식사의 종류나 1인분의 식사를 의미할 때는 관사를 쓰지만 대부분은 관사를 쓰지 않는다. '~ 식사를 준비하다'라는 표현으로, dinner 대신 breakfast 또는 lunch를 쓸 수 있다.

내가 저녁 식사를 준비할까?
Do you want me to make dinner?

나는 요즘 저녁 식사를 준비하고 있어.
I've been making dinner.

take out the trash
쓰레기를 내다 버리다

'집 안에 있는 쓰레기를 밖에 내다 버리다'라는 표현이다. trash는 주로 휴지통에 버리는 '쓰레기'를, garbage는 물기가 있는 부엌의 '음식물 쓰레기'를 뜻한다.

너는 쓰레기를 안 내다 버릴 거니?
Aren't you going to take out the trash?

쓰레기를 내다 버려 줘서 고마워.
Thank you for taking out the trash.

walk the dog
개를 산책시키다

walk는 반려동물을 산책시킬 때 '걷게 하다', '산책시키다'라는 뜻으로 쓰인다. 참고로 walk 뒤에 사람을 쓰면 '~를 (걸어서) 바래다주다'라는 표현이 된다.

개를 산책시킬래?
Do you want to walk the dog?

나는 개를 산책시키는 것을 좋아해.
I like walking the dog.

가사 관련 **표현**

water the garden
정원에 물을 주다

water가 '물을 주다'라는 뜻의 동사로 쓰인 표현이다. garden 대신 plants 또는 flowers를 쓸 수 있다.

너는 매일 정원에 물을 주는 게 좋겠어.
You should water the garden every day.

우리는 정원에 물을 주지 않아도 돼.
We don't have to water the garden.

건강 관련 표현

lose weight
살이 빠지다, 살을 빼다

'체중을 빼다'라는 표현으로, 막연한 weight 대신 3kg처럼 구체적인 무게를 쓸 수 있다. 참고로 lose my weight은 '자신의 체중 전체를 빼는, 즉 0kg이 되도록 살을 빼다'라는 표현이다.

나는 살을 3킬로그램 빼고 싶어.
I want to lose 3 kilos.

너는 살을 얼마나 빼고 싶니?
How much weight do you want to lose?

gain weight
살이 찌다

lose weight의 반대 표현이다. 막연한 weight 대신 some(a lot of) weight 또는 구체적인 무게를 쓸 수 있다. 비슷한 표현으로는 get fat, put on weight이 있다.

나는 살이 찔 것 같아.
I'm going to gain weight.

나는 요즘 살이 찌고 있어.
I've been gaining weight.

건강 관련 표현

get rid of stress
스트레스를 해소하다

get rid of는 '~를 제거하다', '~를 없애(버리)다'라는 뜻이다. stress 뒤에 by와 명사를 이어 쓰면 '~하면서 스트레스를 해소하다'라는 표현이 된다.

너는 스트레스를 해소하는 게 어때?
Why don't you get rid of stress?

나는 스트레스가 해소되기를 기대하고 있어.
I'm looking forward to getting rid of stress.

go to the dentist
치과에 가다

그대로 해석하면 '치과 의사에게 가다'로, 즉 '치과 진료를 받다'라는 표현이다. 비슷한 표현으로는 go and see the dentist, go see the dentist가 있다. 이때 the를 빠뜨리지 않도록 한다.

그는 치과에 가고 싶어 하지 않아.
He doesn't want to go to the dentist.

나는 요즘 치과에 다니고 있어.
I've been going to the dentist.

go to the gym
헬스장(체육관)에 다니다(가다)

gym은 '헬스장'을 뜻하는 가장 일반적인 낱말로, 운동 기구 등을 이용하여 운동할 수 있는 장소를 의미한다. 비슷한 표현으로는 hit the gym이 있다.

헬스장에 다닌다는 것은 어떻게 됐어?
What happened to going to the gym?

나는 더 일찍 헬스장에 다녔어야 했어.
I should've gone to the gym earlier.

have an operation
수술을 받다

operation이 '수술'이라는 뜻의 명사로 쓰인 표현으로, 이때 앞에 관사를 붙인다. 비슷한 표현으로 혼동할 수 있는 do an operation은 '외과 의사가 수술을 하다'라는 뜻이다.

그는 수술을 받고 싶어 해.
He wants to have an operation.

너는 수술을 받아 본 적이 있니?
Have you ever had an operation?

건강 관련 표현

see a doctor
의사의 진찰을 받다, 병원에 가다

see a doctor는 '가벼운 질병으로 진찰을 받으러 병원에 가다'라는 의미, go to the hospital은 '주로 큰 병으로 종합적인 검진이 필요하여 종합병원에 가다'라는 의미에서 차이가 있다.

너는 병원에 가는 게 좋겠어.
You should see a doctor.

너는 그녀가 의사의 진찰을 받지 않는 것에 대해 어떻게 생각해?
What do you think about her not seeing a doctor?

stay in shape
건강을 유지하다, 건강한 몸을 유지하다

in shape는 '건강한, 건강한 몸'을 의미하며, '몸매를 유지하다'라고 해석하지 않도록 한다. 반대 표현은 stay out of shape이다.

나는 건강한 몸을 유지해야 해.
I have to stay in shape.

나는 건강한 몸을 유지했어야 했어.
I should've stayed in shape.

PART 2 상황별 초간편 표현

visit + 사람 + in the hospital
~의 병문안을 가다

in the hospital은 '병원에 입원해 있는'이라는 의미, at the hospital은 '위치상 병원에 있는'이라는 의미에서 차이가 있다. 환자를 방문하는 게 목적일 때는 at이 아닌 in을 써서 in the hospital로 한다.

내가 네 병문안을 가도 돼?
Can I visit you in the hospital?

우리는 그의 병문안을 갔어야 했어.
We should've visited him in the hospital.

work out
운동하다

work out은 주로 헬스장에서 몸 관리를 위해 집중적으로 하는 운동 뿐만 아니라 여러 종류로 이루어진 운동을 할 때 사용하는 표현이다. exercise는 조깅이나 스트레칭 같은 가벼운 운동을 할 때 사용한다.

우리 함께 운동하는 게 어때?
Why don't we work out together?

나는 요즘 운동을 안 하고 있어.
I haven't been working out.

피해 관련 표현

get mugged
강도를 당하다

'(노상에서) ~를 상대로 강도질하다'라는 뜻의 mug가 동사 get과 함께 쓰인 수동 표현이다.

강도를 당하는 것은 어떤 기분이니?
What's it like getting mugged?

나는 한 번도 강도를 당해 본 적이 없어.
I've never gotten mugged.

get conned
사기를 당하다

'~에게 사기를 치다'라는 뜻의 con이 동사 get과 함께 쓰인 수동 표현이다.

너는 그녀가 사기를 당한 것에 대해 어떻게 생각해?
What do you think about her getting conned?

너는 사기를 당해 본 적이 있니?
Have you ever gotten conned?

get groped
치한에게 당하다

'~의 몸을 더듬다(만지다)'라는 뜻의 grope가 동사 get과 함께 쓰인 수동 표현이다.

나는 치한에게 당하지 않아도 돼.
I don't have to get groped.

나는 치한에게 당하는 것을 참을 수 없어.
I can't stand getting groped.

get pickpocketed
소매치기를 당하다

'소매치기하다'라는 뜻의 pickpocket이 동사 get과 함께 쓰인 수동 표현이다.

나는 소매치기를 당해 본 적이 있어.
I've gotten pickpocketed.

너는 소매치기를 당해 본 적이 있니?
Have you ever gotten pickpocketed?

피해 관련 **표현**

get ripped off
바가지를 쓰다

'~에게 바가지 씌우다'라는 표현의 「rip+ 사람+ off」가 동사 get과 함께 쓰인 수동 표현이다. 참고로 '바가지'라는 뜻의 명사 rip-off를 써서 What a rip-off!(완전 바가지야!)라고 할 수 있다.

나는 바가지를 쓰고 싶지 않아.
I don't want to get ripped off.

나는 네가 바가지 쓰는 것을 상상할 수 없어.
I can't imagine you getting ripped off.

딱 30패턴으로 잡는
영어회화

개정판 2쇄 인쇄 2025년 1월 6일
개정판 1쇄 발행 2024년 10월 5일

지은이	닉 윌리엄슨
마케팅	㈜더북앤컴퍼니
펴낸곳	도서출판 THE북
출판등록	2019년 2월 15일 제2019-000021호
주소	서울특별시 영등포구 양평로12가길 14 310호
전화	02-2069-0116
이메일	thebook-company@naver.com

ISBN 979-11-976185-0-5 (13740)

- 책값은 뒤표지에 있습니다.
- 잘못 만들어진 책은 구입하신 곳에서 교환해 드립니다.
- 이 책은 저작권법에 의하여 보호를 받는 저작물이므로, 무단 전재와 복제를 금합니다.

TATTA 30 PATTERN DE EIKAIWA!
by Nic Williamson
Copyright © 2018 Nic Williamson
Korean translation copyright © 202* by THE BOOK All rights reserved.
Original Japanese language edition published by Diamond, Inc.
Korean translation rights arranged with Diamond, Inc. through JM Contents Agency Co.

이 책의 한국어판 저작권은 저작권자와의 독점 계약으로 도서출판 THE북에 있습니다.
저작권법에 의해 한국 내에서 보호를 받는 저작물이므로 무단 전재와 복제를 금합니다.